Zu diesem Buch

Der Anspruch des Kindes auf Fürsorge und Förderung ist unbestritten. Aber gerade viele der Eltern, die ihre erzieherische Aufgabe ernst nehmen, die die Voraussetzungen dafür schaffen wollen, daß ihr Kind zu einer psychisch stabilen, ausgeglichenen und selbständigen Persönlichkeit wird, sind unsicher. Sie suchen Orientierungen für ihre Rolle als Eltern, sie erwarten zuverlässige Informationen und praxisnahe Anregungen, um Partner ihres Kindes sein zu können in den ersten drei Lebensjahren.

Das Elternbuch 1–3 trägt dazu bei, daß Erziehung nicht zum unlösbaren Problem oder zur lästigen Pflicht wird. Wissenschaftlich fundiert und leicht verständlich gibt es Auskunft über Stufen und kritische Phasen der körperlichen, psychischen und kognitiven Entwicklung des Kindes, über Erziehungsziele und Erziehungsstile, über möglichst konfliktfreie Abstimmung des Familienlebens auf die besonderen Bedürfnisse des Kindes. Und vor allem: die gezielten, abwechslungsreichen Entwicklungsprogramme für soziale Verhaltensweisen und Gefühle helfen den Eltern, spielerisch die Fähigkeiten des Kindes zu fördern und seine Fertigkeiten auszubilden.

Ulrich Diekmeyer, geboren 1940, Diplom-Psychologe und Pädagoge, gestaltet mit einem Team Sachbücher aus dem Bereich der Pädagogischen Psychologie. Er ist mit Werner Kirst Autor der erfolgreichen Trainingsbücher:
Intelligenztraining (rororo sachbuch 6711)
Creativitätstraining (rororo sachbuch 6827)
Kontakttraining (rororo sachbuch 6867)

Ulrich Diekmeyer

Das Elternbuch 2

Unser Kind im 2. Lebensjahr

Ärztliche Beratung:
Dr. med. Brigitte Mertin

rororo
Rowohlt

Konzeption der Reihe:
Ulrich Diekmeyer
Werner Kirst

Mitarbeiter:
Beate Diele
Sylvia Erhard
Helmut Knüpfer
Hannelore Potthof

90.–96. Tausend April 1986

Veröffentlicht im Rowohlt Taschenbuch Verlag GmbH,
Reinbek bei Hamburg, März 1976
Umschlagentwurf Manfred Waller (Foto: Ulrich Kempf)

Gesamtherstellung Clausen & Bosse, Leck
Printed in Germany
780-ISBN 3 499 16952 5

Inhalt

Eltern sind die ersten Lehrer

Ihr Kind ist jetzt gerade dabei, seine ersten freien Schritte zu probieren. Vielleicht läuft es auch schon durch das Zimmer in Ihre Arme! Sie haben ein schwieriges Jahr hinter sich und können langsam aufatmen, denn nun ist Ihr Kind körperlich nicht mehr so empfindlich. Es wird von Tag zu Tag kräftiger, es ißt mit Ihnen und will sich täglich mit seinen Eltern unterhalten und spielen. Jeder Tag bringt neue Fortschritte.

Mit diesem zweiten Band der Elternbuch-Reihe besitzen Sie alle wichtigen Informationen, die Sie für die Entwicklung und Erziehung Ihres Kindes während des zweiten Lebensjahres benötigen.

In unserer schnellebigen Zeit ist das so wichtig, weil Erziehungskonzepte zum Teil schon veraltet sind, noch bevor sie sich richtig durchsetzen können. „Moderichtungen" der Erziehung wollen wir in diesem Buch und in der gesamten Elternbuch-Reihe vermeiden. Wir gehen davon aus, daß sich die Anforderungen unserer Gesellschaft täglich ein wenig ändern. Alle Menschen müssen sich darauf vorbereiten und ständig mitändern.

Um in der Erziehung die neuesten wissenschaftlichen Erkenntnisse anwenden zu können, brauchen alle Eltern eine solide Ausbildung. Diese wichtige Aufgabe der Gesellschaft wird gegenwärtig noch völlig unzureichend wahrgenommen. Das Fach „Erziehung" existiert leider noch nicht in den Volksschulen und Gymnasien. Diese Lücke will unsere Buchreihe schließen: Sie bringt für jedes der ersten sechs Lebensjahre einen eigenen Band, in dem alle nötigen Informationen über die entsprechende Altersstufe zusammengefaßt sind. Um zu vermeiden, daß sich die einzelnen Bände in manchen Fragen inhaltlich überschneiden, werden bestimmte Themenbereiche in einem Band schwerpunktartig betont. Sie sind dann in anderen Bänden nur kürzer oder gar nicht mehr behandelt. Die Einführung in das Elternbuch zeigt jeweils, welche Themen in anderen Bänden umfangreicher dargestellt sind. Ein Schwerpunktthema findet sich in dem Band, in dem erstmals Veranlassung besteht, etwas über dieses Thema zu schreiben. In den drei ersten Bänden dieser Reihe gibt es folgende Schwerpunkte:

- Elternbuch 1: Ernährung; körperliche Entwicklung einschließlich Vorsorgeuntersuchungen und Impfungen; Entwicklungsprogramm (Förderung aller Persönlichkeitsbereiche);
- Elternbuch 2: Spielen und Spielzeug; Entwicklungsprogramm; Kinderkrankheiten;
- Elternbuch 3: Ernährung im Vorschulalter; Sexualität; Erziehungsziele, Erziehungsstile; Entwicklungsprogramm.

Neben den Schwerpunktthemen, die oben erwähnt sind, gibt das Elternbuch 2 Auskunft über den Normalverlauf der körperlichen Entwicklung, die geeignete Ernährung, den Normalverlauf der psychischen Entwicklung, die Sauberkeitserziehung, ferner über das Verhältnis der Geschwister zueinander (Welche Rolle spielt der Altersunterschied? Welche Verhaltensweisen sind gegenüber älteren oder jüngeren Geschwistern zu erwarten? Welche Möglichkeiten haben die Eltern, ausgleichend zu wirken?).

Danach folgt ein Tagebuch. Sie füllen es nicht nur für sich aus. Denken Sie daran, daß Ihr Kind eines Tages nachlesen möchte, wie es sich in einer Zeit verhal-

ten hat, an die es nur noch sehr wenige bewußte Erinnerungen hat.
Im Entwicklungsprogramm finden Sie im wesentlichen dieselben Bereiche wie im Elternbuch 1: Wahrnehmen, Tasten, Sprechen, Denken und Kreativität, Wissen, Motorik, Selbstgefühl, emotionales Verhalten, soziales Verhalten. In einer besonderen Einführung für diesen Teil (→ S. 78f.) ist begründet, warum die einzelnen Bereiche nacheinander dargestellt werden. Sollten Sie das Elternbuch 1 nicht besitzen, so können Sie ohne weiteres auch mit Band 2 beginnen. Wenn Sie an der einen oder anderen Stelle neugierig auf Band 1 werden, können Sie ihn ja vielleicht einmal von einer befreundeten Familie ausleihen und die wichtigsten Teile kurz nachlesen.
Die Buchreihe ist für Sie und Ihr Kind nicht nur wegen der praktischen Tips wichtig, sondern vor allem deshalb, weil Sie das Entwicklungsprogramm auch beim besten Willen nicht durch Ihre eigenen Einfälle ersetzen können. Manche Übungen und Anregungen mögen Ihnen selbstverständlich erscheinen, und Sie denken dann vielleicht: „Das hätte ich doch auch getan, ohne vorher etwas darüber gelesen zu haben." Aber erst, wenn Sie tatsächlich alle Anregungen wiederholt mit Ihrem Kind in diesem Jahr durchspielen, wird es optimal gefördert. Das gilt auch für die weiteren Lebensjahre Ihres Kindes. Erinnern Sie sich bitte noch einmal an das, was wir anfangs sagten: In unserer sich immer schneller verändernden Welt können Sie die Förderung Ihres Kindes nicht mehr dem Zufall überlassen!
Und nun noch einige praktische Tips für den Gebrauch dieses Buches:
Machen Sie es sich zur Regel, das Elternbuch 2 mehrmals in der Woche zur Hand zu nehmen. Lesen Sie die Kapitel, die Sie gerade besonders interessieren. Es ist nicht notwendig, daß Sie das Buch „in einem Zug" intensiv durchlesen. Aber legen Sie es an einen Platz, den Sie täglich im Blickfeld haben. Und denken Sie daran, die Aufgaben des Entwicklungsprogramms regelmäßig durchzuführen. (Ihr Kind kann nicht alles auf einmal nachholen!)
Bitte denken Sie auch daran: Alle Altersangaben in diesem Band sind nur als ungefährer Anhaltspunkt gedacht. Jedes Kind entwickelt sich anders. Nur bei absolut gleichen Umwelteinflüssen und Anlagen wäre es möglich, präzise Erwartungen an ein bestimmtes Alter zu stellen. Gehen Sie also davon aus, daß Abweichungen von ein oder zwei, zum Teil sogar von drei Monaten völlig unbedenklich sind. Erst wenn sich in mehreren Bereichen deutlich Abweichungen von unseren Richtwerten ergeben, sollten Sie einen Arzt oder Kinderpsychologen um eine genauere Auskunft oder Beobachtung des Entwicklungsstandes Ihres Kindes bitten.
Noch einen Hinweis zum Schluß: Dieses Buch wendet sich an Mütter und Väter in gleicher Weise. Jeder von ihnen sollte sich mit Erziehungsfragen auseinandersetzen und bei der Förderung der Entwicklung intensiv beteiligen.

So verändert sich der Körper im zweiten Lebensjahr

Kennzeichen der motorischen Entwicklung

Eine sehr einschneidende Veränderung im Leben des einjährigen Kindes ist der Übergang zur aufrechten Haltung. Natürlich geschieht das nicht von heute auf morgen. Es müssen viele Schritte bewältigt werden, bis das Kind relativ mühelos stehen und gehen kann. Die Geschwindigkeit, mit der die einzelnen Stadien durchlaufen werden, ist von Kind zu Kind verschieden. Das eine verharrt auf einer Stufe vielleicht nur so kurz, daß man den Eindruck hat, es überspringe sie. Dafür verweilt es möglicherweise um so länger auf einer anderen. Trotz dieser individuellen Unterschiede ist der Ablauf der Entwicklung ziemlich starr vorgegeben. Die Reihenfolge ist bei allen Kindern gleich und kann nicht umgekehrt werden, da sie überwiegend durch Wachstums- und Reifungsfaktoren bestimmt wird. Allerdings können Umwelteinflüsse wie Anleitung und Gelegenheit zur Übung beschleunigend auf die motorische Entwicklung wirken. Sie sind natürlich nur dann erfolgreich, wenn der Körper (Knochen, Muskeln, Nervensystem) die nötigen Voraussetzungen entwickelt hat.
Wenn diese körperlichen Voraussetzungen nicht erfüllt sind, kann eine vorzeitige Übung nur vorübergehende Leistungsverbesserung bewirken oder sogar schädlich sein. Andererseits genügt es auch im motorischen Bereich nicht, das Kleinkind einfach heranreifen zu lassen. Seine spontane Aktivität bedarf der regulierenden Anleitung durch den Erwachsenen, damit seine Fertigkeiten den bestmöglichen Stand erreichen.
Eine sehr wichtige Rolle spielt dabei die Motivation: Ein Kind, das nicht durch Lob und Zuspruch ermutigt wird, verwendet weniger Energie und Ausdauer auf den Erwerb von Fertigkeiten. Auch kann der Erzieher dem Kind aus Selbstüberforderung resultierende Enttäuschungen ersparen: Er kann Situationen schaffen, in denen sich das Kind als leistungsfähig erlebt, und andererseits sein Leistungsvermögen durch Übung so entwickeln, daß es dem Anspruchsniveau entspricht.

Abfolge beim Laufenlernen

Zwischen dem 9. und 15. Monat sind die Kinder gewöhnlich in der Lage zu lau-

fen. Mit etwa einem Jahr kann sich ein Kind schon gut selbst hinsetzen, ohne nach vorn zu kippen. Aus der sitzenden Lage kann es sich jedoch noch nicht allein zum Stehen aufrichten, da es seine Knie beugt und die Fußsohlen nach innen wendet, um Balance zu halten. Manche Kinder rutschen in dieser Sitzhaltung über den Boden. Andere kriechen nun auf den Händen und Knien durch die Wohnung. Wenn das Kind kräftiger wird, läuft es

Dieser Junge hüpft mit eindreiviertel Jahren auf einer „dröhnenden" Platte. Mit beiden Beinen stößt er sich gleichzeitig ab und juchzt dabei vor Freude (links).

Akrobatische Übungen sind jetzt möglich. Sie steigern die Gelenkigkeit und vermitteln dem Kind ein positiv getöntes Körpergefühl (unten).

mit gestreckten Beinen auf allen vieren. Es kann sich jetzt bereits viel schneller fortbewegen, und die Koordination von Armen und Beinen funktioniert.

Mit einem Jahr kann es schon recht lange stehen, wenn es sich dabei irgendwo festhalten kann; es kann sich an einem Möbelstück hochziehen und dann stehen. Die meisten Kinder können auch kurz ohne Stütze stehen und mit der Hilfe anderer laufen. Dabei sind die Schritte sehr kurz und unregelmäßig, die Fersen berühren den Boden nicht, das Kind trippelt auf Zehen und Fußballen. Bis zum ersten freien Schritt dauert es dann noch durchschnittlich einen Monat. Es gibt aber auch Kinder, die sofort einige freie Schritte wagen, sobald sie stehen können.

Bei seinen ersten freien Schritten streckt das Kind die Arme seitlich weg oder hält sie eng an den Körper, um das Gleichgewicht zu halten. Die Beine bleiben steif, die Füße werden nach außen gewendet. Es

hebt die Füße noch sehr hoch bei jedem Schritt und verliert dadurch leicht das Gleichgewicht. Mit eineinviertel Jahren stolpert es nur noch selten. Es richtet sich allein auf. Die Schrittlänge wird jetzt größer, es tritt nun mit der ganzen Fußsohle auf. Allmählich setzt es seine Füße parallel. Mit rund 18 Monaten sind die Schritte ziemlich regelmäßig. Das Kind bewegt sich geradliniger im Raum, und der Energieaufwand im Verhältnis zur zurückgelegten Strecke wird immer geringer. Es kann Treppen steigen, indem es immer mit dem gleichen Fuß steigt und den anderen nachzieht. Mit zwei Jahren hat es eine symmetrische, rhythmische Gangart erworben. Es hebt nun den zweiten Fuß, noch bevor der erste fest auf dem Boden ruht. Wenn es etwas aufheben will, bückt es sich, anstatt sich hinzuhocken.

Andere Fertigkeiten

Auch die übrigen Muskelgruppen können im zweiten Lebensjahr immer besser kontrolliert werden. Das Zusammenspiel von Auge und Hand wird genauer, so daß das Kind geschickter im Umgang mit Werkzeugen und Instrumenten (Löffel, Tasse, Teller usw.) wird. Bald will das Kind beim An- und Ausziehen helfen. Seine Bewegungen werden immer gezielter und bewußter. Es kritzelt nicht mehr einfach mit dem Bleistift auf dem Papier herum, sondern kann schon einen Strich nachziehen und unterschiedlich geformte Holzklötze in die entsprechenden Löcher eines Spielbrettes stecken. Mit eineinhalb Jahren überwiegen jedoch noch die großen, weitausholenden Bewegungen. Das Kind hantiert vorwiegend mit dem ganzen Arm. Das liegt daran, daß die Handgelenke noch ziemlich unbeweglich sind.
Es macht noch keinen großen Unterschied zwischen rechts und links, beide Hände sind gleich geschickt. (Die Betonung einer Körperhälfte beginnt frühestens im dritten Lebensjahr. Erst von diesem Zeitpunkt an sollten Sie darauf achten, welche Hand Ihr Kind hauptsächlich zum Malen, Greifen usw. verwendet.)
Mit zwei Jahren hat die Geschicklichkeit der Hände große Fortschritte gemacht. Das Kind nimmt gerne Dinge auseinander und fügt sie wieder zusammen. Es kann beide Hände unabhängig voneinander betätigen und abwechselnd die rechte oder die linke Hand benützen.

Motorik und kindliche Persönlichkeit

Ein Kind mit gut entwickelten körperlichen Fähigkeiten ist in jeder Hinsicht seinem weniger selbständigen, ungeschickteren Altersgenossen überlegen. Denn in diesem Jahr wird die Welt noch in erster Linie durch direkte körperliche Eindrücke erfahren. Je besser die Motorik ausgebildet ist (sein koordiniertes Greifverhalten, seine Fortbewegungsmöglichkeiten, die Sicherheit und Kraft der Bewegungen), desto genauer kann das Kind seine Umgebung untersuchen. Deshalb besteht in diesem Alter ein enger Zusammenhang zwischen Intelligenzgrad (kognitiver Leistungsfähigkeit) und Motorik. Auch sein Selbstbewußtsein wird zunehmend gestärkt, wenn ihm dank seiner körperlichen Fortschritte immer neue Erfolge gelingen. Es wird unabhängiger und sicherer und kann die Umwelt ohne übermäßige Angst vor Gefahren erkunden.

Äußere Gestalt

Im Laufe des zweiten Lebensjahres gliedert sich der Körper. Die pummelige Figur streckt sich. Der Kopf wirkt nicht mehr so groß, Hals, Arme, Hände, Beine und Füße verlieren ihre Speckfalten und Fettpolster. Die Füße sind im Verhältnis zum Körper noch ziemlich klein. Das Kind wächst zwischen dem ersten und zweiten Geburtstag um etwa 12 cm und nimmt durchschnittlich 2 kg zu. Jungen sind am Ende des zweiten Lebensjahres meist bis zu einem Pfund schwerer als Mädchen.

Skelett, Gehirn, Herz und Kreislauf

Das Skelett gewinnt allmählich an Festigkeit, der Knochenbau nähert sich langsam dem des Erwachsenen an. Die Wirbelsäule zeigt bereits Andeutungen der späteren normalen Krümmung, die mit sieben Jahren erreicht wird. Bis dahin hat das Kind noch die sogenannte Hohlkreuzhaltung. Hüft- und Kniegelenke sind noch etwas gebeugt. Die Bänder an den Gelenken sind beim Kind im Verhältnis länger als beim Erwachsenen, da zwischen den Knochenenden ein größerer Abstand besteht. Die dort vorhandenen Knorpel „verknöchern" immer mehr. Die große Fontanelle schließt sich bei 50 Prozent aller Kinder bis zum 18. Monat. Wenn sie am Ende des zweiten Lebensjahres immer noch nicht geschlossen ist, muß der Arzt darauf hingewiesen werden. Der Kopfumfang nimmt um 2 cm zu, und das Aussehen des Gesichts verändert sich, da der Hirnschädel nun langsamer als der Gesichtsschädel wächst. Der Brustumfang soll im Lauf des Jahres den Kopfumfang überholen. Jungen sind Mädchen dabei um einige Monate voraus.
Das Gehirn nimmt weiter rasch an Masse zu. Am Ende des zweiten Lebensjahres hat es bereits drei Viertel seines späteren Gewichts erreicht.
Die einzelnen Teile des Gehirns entwikkeln sich unterschiedlich schnell. Während des zweiten Lebensjahres bilden sich vor allem das Großhirn und das Kleinhirn sehr intensiv aus. Dadurch sind die enormen Fortschritte des Kindes in seiner Körperbeherrschung (die vom Kleinhirn kontrolliert wird) und seinem intelligenten Verhalten (das vom Großhirn bestimmt wird) möglich.
Herz und Kreislauf werden durch die Umstellung zur aufrechten Haltung und durch den starken Bewegungsdrang des Kindes stark belastet und vergrößern ihre Leistungsfähigkeit beträchtlich.

Zähne

Mit einem Jahr hat das Kind gewöhnlich die vier oberen Schneidezähne und zwei bis vier untere Schneidezähne. Die restlichen Milchzähne (insgesamt sind es 20, erst später wachsen insgesamt 32 bleibende Zähne nach) brechen im Lauf des zweiten Jahres in folgender Reihenfolge durch: Nach einer Pause von drei bis vier Monaten kommt zuerst der obere und dann der untere vordere Backenzahn. Der letzte obere Backenzahn erscheint gewöhnlich im 18. Monat, bald gefolgt von den Eckzähnen. Gegen Ende des zweiten oder am Anfang des dritten Lebensjahres bricht schließlich als letzter der hintere untere Backenzahn durch. Es kommt bei der Zahnentwicklung weniger auf den Zeitpunkt des Durchbruchs als auf die richtige Reihenfolge der einzelnen Zähne an. Bei Unregelmäßigkeiten kann sich der Kiefer verbilden: es entstehen Fehlstellungen, die auch die Form des bleibenden Gebisses beeinflussen.
Gewöhnlich verläuft der Zahndurchbruch ohne Komplikationen. Empfindliche Kinder sind möglicherweise unruhiger und leichter erregbar in dieser Zeit. Das kann zu Eß- und Schlafstörungen führen. Vor allem der Durchbruch der letzten Backenzähne bereitet vielen Kindern körperliches Unbehagen. Das sogenannte Zahnfieber während des Zahnens deutet auf eine gleichzeitig bestehende Erkältung oder Infektion hin.

Gesunde Kindermenüs, appetitlich zubereitet

Wieviel soll Ihr Kind essen?

Ein Kind im zweiten Lebensjahr hat einen täglichen Kalorienbedarf von 1000 bis 1250 Kalorien. Diese Menge sollte nur überschritten werden, wenn das Kind einmal besonders hungrig ist und von sich aus mehr verlangt. In den nächsten Tagen kann das ja mit etwas kalorienärmeren Mahlzeiten wieder ausgeglichen werden. Hüten Sie sich vor einer Überfütterung Ihres Kindes. Es weiß genau, wann es satt ist und nichts mehr braucht. Die Eltern sollten ihm dann nicht noch etwas „hineinstopfen“ wollen. So erziehen sie es nur zum „Fresser“. Die Fettzellen, die bereits im Kindesalter zusätzlich aufgebaut werden, lassen sich nur sehr schwer wieder reduzieren. Sie werden allenfalls kleiner, füllen sich jedoch bei etwas üppigerem Essen sofort wieder auf.
Entwicklungsnachteile von zu dicken Kindern:
- Die Muskulatur wird wenig ausgebildet, weil das Kind zu passiv ist und sich selten bewegt.
- Dadurch entstehen unter anderem auch Haltungsschäden.
- Es ist nachgewiesen, daß dicke Kinder gegen Infektionen nicht so widerstandsfähig sind wie schlanke, muskulöse Kinder.

Genauere Informationen über die für Kinder psychisch belastende Fettsucht finden Sie auf S. 140f.

Was kann Ihr Kind essen?

Das einjährige Kind kann praktisch alles essen, was die Eltern essen. Wenn erst einmal die Backen- und Eckzähne da sind, brauchen Sie die Speisen auch nicht mehr so zu zerkleinern wie vorher. Wenigstens eine Mahlzeit am Tag sollte es zusammen mit den Erwachsenen einnehmen.
Sein Speiseplan kann etwa so aussehen:
- zum Frühstück Brei oder Müsli, aber auch Brot (Schwarzbrot, Vollkornbrot) mit Butter, Wurst, Käse oder Marmelade, dazu eine Tasse Milch oder Kakao;
- als zweites Frühstück Obst oder Kompott;
- mittags Gemüse, Kartoffeln (Reis oder Nudeln), Fleisch (auch Geflügel oder Fisch), eventuell eine Nachspeise (Quark, Eis usw.);
- nachmittags Tee, Saft oder Kakao, dazu Kekse oder Zwieback;
- abends Brei oder belegtes Brot mit einem Becher Milch oder Tee.

Auf die Zwischenmahlzeiten können Sie verzichten, wenn das Kind keinen Appetit hat. Fragen Sie es aber jeweils, ob es etwas haben möchte. Geben Sie ihm statt vielen Süßigkeiten lieber Obst und Quark. Das sind Dinge, die auch süß schmecken, aber gesünder sind und Eiweiß enthalten.

Wenn Ihr Kind nach Ihrer Meinung allzuwenig ißt, können Sie (da Sie keinen Druck ausüben wollen) zu diesem Trick greifen: Machen Sie das Essen auf dem Teller zu einer Augenweide und garnieren Sie es mit kleineren Zutaten.
Denken Sie aber auch daran, daß Ihr Kind vielleicht nur deswegen nichts ißt, weil Sie seine Geschmacksvorlieben zu wenig berücksichtigen.

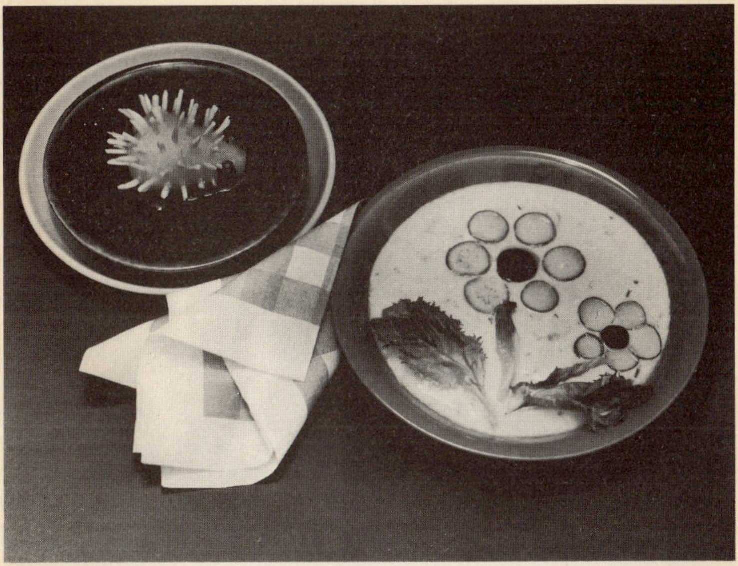

Welche Nahrungsmittel sind wichtig?

Gemüse und Obst enthalten viele Vitamine, Mineralstoffe und Spurenelemente. Brot ist eine wichtige Energiequelle wegen seiner Kohlehydrate, ebenso Kartoffeln, Hülsenfrüchte und Zucker. Fleisch und Fisch, Quark, Käse, Milch, Joghurt und Eier sind wegen ihres hohen Eiweißgehaltes wertvoll. Geeignete Fette enthalten Pflanzenmargarine und Butter.
Sie ernähren Ihr Kind richtig, wenn Sie auf eine ausgewogene Mischkost achten. Nehmen Sie dabei zugleich Rücksicht auf die Geschmacksrichtungen, die Ihr Kind entwickelt hat, sonst verderben Sie ihm den Appetit. Schwerverdauliches oder scharfgewürzte Dinge etwa gehören noch nicht auf den Speiseplan. Erst im dritten Lebensjahr ist das kindliche Verdauungssystem kräftig genug, um auch mit solchen Nahrungsmitteln ohne Störungen fertig zu werden.

Vermeiden Sie
- sehr fetthaltige Speisen wie Sahne- und Buttercremetorten, ölige Salate, fette Wurst und fetten Käse, Fleisch und Kartoffeln, die in sehr viel Fett gebraten wurden,
- Schokolade und andere Süßigkeiten in großen Mengen,
- stark gesalzene und scharf gewürzte Speisen (würzen Sie soweit wie möglich mit Kräutern).

Wenigstens abends sollten Sie es sich zur Gewohnheit machen, gemeinsam zu essen. Bei dieser Gelegenheit können sich alle Familienmitglieder etwas erzählen, sie können sich gegenseitig beobachten, und nicht zuletzt wird der Appetit angeregt.

Fertigmahlzeiten

Sie sollten Ihrem Kind Baby-Fertigkost nur noch zu Beginn des zweiten Lebensjahres geben. In den sogenannten „Juniorenmenüs“ sind Fleisch und Gemüse nicht mehr so stark zerkleinert. Das Kind hat ja schon Zähnchen, die betätigt werden müssen. Das Kauen ist gut für die Entwicklung der Zähne und verhindert Karies, weil dabei gleichzeitig die Zähne gereinigt werden. Durch den mitproduzierten Speichel kann die Nahrung besser zersetzt und ausgenützt werden.

Was soll das Kind trinken?

Kinder haben einen sehr großen Flüssigkeitsbedarf. Während des Wachsens laufen die Stoffwechselvorgänge beschleunigt ab; außerdem ist die Hautoberfläche im Verhältnis zum Gewicht größer als die eines Erwachsenen, und dadurch verdunstet der Körper relativ mehr Flüssigkeit. Geben Sie Ihrem Kind also immer zu trinken, wenn es Durst hat. Es braucht im zweiten Lebensjahr bis zu $1^1/_2$ Liter Flüssigkeit pro Tag. Die eine Hälfte davon wird durch Getränke gedeckt, die andere ist in den Nahrungsmitteln enthalten. Den Durst soll es jedoch nicht mit Milch löschen, da mehr als ein halber Liter täglich für den kindlichen Organismus schwer zu verarbeiten ist.
Am besten wechseln Sie zwischen dünnem Tee (zweiter Aufguß eines schwarzen Tees) und Mineralwasser mit Obstsaft ab.

Essensgewohnheiten

Sobald ein Kind sitzen kann, sollten Sie es auf einem höheren Stuhl an den gemeinsamen Mahlzeiten teilnehmen lassen. Anfangs wird es natürlich noch viele Kleckereien geben. Aber nach und nach können Sie es schon auf einige Tischsitten hinweisen. Das darf natürlich nicht so übertrieben werden, daß das Kind den Spaß am Essen verliert. Aber es sollte z. B. nicht während des Essens aufstehen und spielen. Selbstverständlich kann es aber den Tisch verlassen, wenn es mit dem Essen fertig ist. Denn Ruhepausen oder besinnliche Minuten liebt Ihr Kind nicht. Sobald es nicht mehr aktiv sein kann, wird es zwangsläufig unruhig. Neugierig sucht es nach Abwechslung, indem es Teller und Tassen als Spielzeug gebraucht, und dann sagen Sie gewiß das erste Mal: „Nein, bitte laß das.“ Ihr Kind wird dadurch eingeengt und protestiert. Es erprobt, ob Sie bei einem anderen Gegenstand (oder auch später bei demselben) wieder ablehnend reagieren. Kurz, es verschafft sich in jedem Fall Unterhaltung. Tischgespräche werden ihm dabei sogar verleidet, weil Sie keinen Spaß verstehen und es daran hindern, interessante Erfahrungen und Experimente zu machen. Vielleicht hat es auch schon beobachtet, daß Sie selbst gelegentlich vor Ihrem Ehepartner den Tisch verlassen, und sei es nur, um etwas zu holen, was vergessen wurde. Ihr Kind versteht dann nicht, warum ihm etwas verboten wird, was Sie selbstverständlich tun.
Ißt Ihr Kind weniger, als Ihnen angemessen scheint, sollten Sie es nicht dazu zwingen, seinen Teller leer zu essen. Es hat sich ja nicht selbst die gewünschte Menge genommen. Kochen Sie nicht sofort sein Lieblingsgericht, sondern beobachten Sie es. Der Appetit stellt sich oft nach einigen Tagen von selbst wieder ein. Manchmal genügt es auch schon, wenn das Essen für das kindliche Auge lustig garniert wird. Bleiben Ihre Bemühungen trotzdem erfolglos, veranlassen Sie Ihr Kind, sich mehr in frischer Luft zu bewegen. Wenn auch das den Appetit nicht steigert, wenden Sie sich an Ihren Kinderarzt.

Körperpflege und Gesundheitsvorsorge

Durch die größere Bewegungsfreiheit und Neugier kommt Ihr Kind im zweiten Lebensjahr ständig mit Sand, Erde, Staub und dergleichen in Berührung. Mediziner und Psychoanalytiker vertreten im Hinblick auf Hygiene etwas unterschiedliche Standpunkte; die einen betonen mehr, daß im „Schmutz" auch Krankheitserreger und schädliche Stoffe enthalten sind, während die anderen auf die mit pedantischer Hygiene verbundenen Zwänge verweisen. Versuchen Sie, zwischen diesen Standpunkten eine vermittelnde Haltung einzunehmen.

Frische Luft und Sonne

- Im Sommer kann Ihr Kind den ganzen Tag im Freien spielen. Bei Sommerhitze muß es allerdings in der Zeit zwischen 10 und 16 Uhr unbedingt ein Hütchen tragen oder ständig im Schatten bleiben. Auch den Mittagsschlaf kann es draußen im Schatten verbringen. Die nackten Körperstellen Ihres Kindes sollten Sie immer mit einer Sonnen- oder Witterungsschutzcreme einreiben, wenn Sie mit ihm ins Freie gehen.
- Große Freude haben Kinder an einem Planschbecken, das Sie auf dem Balkon oder auf der Terrasse aufstellen. Für ein kleines aufblasbares Becken oder eine Plastikwanne finden Sie in jedem Falle Platz. Doch dürfen Sie Ihr Kind nie unbeobachtet im Wasser spielen lassen; denn selbst wenn das Becken oder die Wanne nur mit wenig Wasser gefüllt ist, könnte Ihr Kind darin ertrinken – dann nämlich, wenn es mit dem Gesicht nach unten fällt und sich nicht aus eigener Kraft aus dieser Lage befreien kann. Nach dem Planschen, das nicht über 20 Minuten dauern darf, frottieren Sie Ihr Kind gut ab.
- Wenn es auf dem Balkon spielt, müssen Sie dafür sorgen, daß es nicht über oder durch das Geländer klettern kann. Lassen Sie keine Gegenstände auf dem Balkon herumstehen, auf die es möglicherweise steigt, um besser nach unten sehen zu können. In jedem Falle ist es das beste, den Balkon zusätzlich mit einer geeigneten Schutzvorrichtung zu sichern (z. B. mit einem feinstmaschigen Netz bis zu einer Höhe von 1,60 m, das um das ganze Geländer herumführt). Auch dann sollten Sie Ihr Kind aber nicht unbeobachtet lassen. Wenn Sie sich selbst mit einer Arbeit auf den Balkon setzen, kann sicher nichts passieren – und Ihr Kind freut sich über Ihre Anwesenheit.
- Besuchen Sie nicht nur Parks und Spielplätze mit Ihrem Kind (sofern Sie in der Stadt wohnen), sondern fahren Sie auch oft ins Grüne hinaus. Dort ist die Luft besser, und außerdem lernt Ihr Kind auf diese Weise „Natur" nicht nur in der Form künstlicher Parkanlagen kennen.
- Lassen Sie das Kind auch im Winter wenigstens eine Stunde täglich im Freien spielen. Das ist die beste Abhärtung gegen Erkältungen und Grippe. Natürlich muß es dann sehr warm und wasserfest angezogen sein. Im zweiten Lebensjahr kann es auch schon extreme Wetterverhältnisse kennenlernen. Gehen Sie ruhig mit ihm an die Luft, wenn es einmal stark regnet, neblig ist oder Frost (bis zu 10 Grad minus) herrscht. Natürlich muß es bei starker Kälte die Möglichkeit haben, sich viel zu bewegen, damit es nicht friert.

In der frischen Luft sollte sich Ihr Kind täglich austoben können. Dabei wird sein Stoffwechsel wesentlich angeregt, und es empfindet danach die Wohnung nicht mehr so sehr als beengend.

Baden und Waschen

Im zweiten Lebensjahr wird es sich nicht vermeiden lassen, das Kind täglich – und zwar am besten abends – zu baden. (Wenn es einmal schon mittags völlig verschmutzt nach Hause kommt, darf es natürlich gleich ins Badewasser.) Lassen Sie es nie allein im Bad, und legen Sie sich daher vor dem Waschen alle notwendigen Gegenstände bereit. Nehmen Sie sich auch

genügend Zeit, denn das Baden soll ein Vergnügen sein, das Ihr Kind jederzeit gerne mitmacht. Dazu gehört auch, daß das Kind Schwimmtiere mit in die Wanne nehmen darf und daß das Wasser eventuell durch einen geeigneten Badezusatz in ein Schaumbad verwandelt wird.
Waschen Sie von oben nach unten, Kopf, Hals, Oberkörper, Arme, Unterkörper und Geschlechtsteile, Beine und Füße. Bei Mädchen werden die Geschlechtsteile immer von vorn nach hinten gewaschen und nach dem Bad mit einem öligen Wattebausch gereinigt. Bei Jungen gehört zur Körperpflege auch das Waschen der Eichel bei zurückgezogener Vorhaut.
Danach spülen Sie Ihr Kind mit klarem Wasser ab, das ruhig 10 Grad kälter als das zwischen 33 und 37 Grad warme Badewasser sein darf. Wenn Sie einen ölhaltigen, pflegenden Badezusatz benützen, können Sie auf diese letzte Spülung auch verzichten. Anschließend rubbeln Sie das Kind fest ab. Trocknen Sie die Hautfalten besonders gut ab, damit hier keine Entzündungen entstehen. Nach dem Abtrocknen reiben Sie den ganzen Körper mit einer Hautmilch ein, falls Sie keinen ölhaltigen Badezusatz verwendet haben.
Manche Kinder trinken Badewasser lieber als eine Tasse Schokolade. Lenken Sie dann Ihr Kind durch Spielanregungen während des Badens mit Schiffchen, Ente usw. ab, und verwenden Sie keinen Badezusatz mehr, bis Ihr Kind diese „Vorliebe“ vergißt. (Achten Sie darauf, daß es möglichst vorher aufs Töpfchen geht – ab 18. Monat.)
Morgens können Sie sich mit einer kleinen „Katzenwäsche“ begnügen: Das Gesicht und der Hals werden mit dem Gesichtswaschlappen gesäubert, der After und die Geschlechtsteile mit einem anderen Lappen. Waschen Sie die Hände Ihres Kindes (wie Sie das auch vor jeder Mahlzeit tun müssen), und reinigen Sie die Fingernägel mit einer weichen Bürste.

Diese Pflegeartikel brauchen Sie für Ihr Kind täglich

- Eine kleine Handbürste,
- einen unzerbrechlichen Kinderzahnputzbecher,
- eine Kinderzahnbürste, nicht aus Kunststoffborsten, sondern aus weichem Dachshaar (die Borsten sollten in einer zugespitzten Büschelform angeordnet sein),
- Kinderzahnpasta mit Fluor, die gut schmeckt,
- 2 Handtücher,
- 2 Waschlappen (Gesichtswaschlappen und Körperwaschlappen).

Haarpflege und Haarwäsche

Beim Kämmen kann die zarte Kopfhaut leicht gereizt werden. Daher sollten Sie hauptsächlich eine weiche Bürste zur Haarpflege benützen. Wenn Ihr Kind Schorf oder Schuppen hat, müssen Sie das vom Arzt behandeln lassen.
Waschen Sie die Haare Ihres Kindes ein- bis zweimal in der Woche mit einem sehr milden Haarwaschmittel, das nicht in den Augen brennt. Kurze Haare brauchen Sie anschließend nur abzufrottieren. Lange Haare können entweder an der Sonne trocknen oder kurz gefönt werden. Auf keinen Fall darf Ihr Kind zu lange mit nassen Haaren herumlaufen, da sonst der Kopf unterkühlt wird.

Nagelpflege

Halten Sie die Fingernägel immer kurz, damit sich kein Schmutz darunter ansammelt (Ihr Kind steckt ja die Finger noch ziemlich oft in den Mund) und Ihr Kind sich nicht zerkratzen kann. Fingernägel werden am besten rund geschnitten, die Zehennägel gerade. Achten Sie bei der

Schneideprozedur darauf, daß Ihr Kind sich bei einer plötzlichen Bewegung nicht verletzt (abgerundete Scherenspitze). Die Nagelhäute dürfen nur zurückgeschoben, aber nicht geschnitten werden. Reinigen Sie beim abendlichen Bad täglich auch Fuß- und Fingernägel mit einer Bürste.

Das Zähneputzen kann sich Ihr Kind schon jetzt angewöhnen. Bürsten Sie zusammen mit ihm die Zähne. Lernen „am Modell“ gewährleistet hier bleibenden Erfolg.

Zahnpflege

Die Zahnpflege macht Ihrem Kind sicher Spaß, wenn es Sie selbst schon oft beim Zähneputzen beobachten konnte (und dabei Lust bekam, Sie nachzuahmen). Kaufen Sie ihm einen Becher mit einem lustigen Bild, und zeigen Sie ihm, wie es die Zähne selber putzen kann. Zuerst werden sie sehr gründlich senkrecht gebürstet und dann waagrecht. Auch die Innenseite und die schmale Kaufläche müssen gereinigt werden. In den Zahnputzbecher geben Sie etwas Mundwasser (z. B. Vademecum oder Odol), das reinigt die Zähne auch dort, wo die Zahnbürste nicht hinkommt.
Die Pflege der Milchzähne ist übrigens ebenso wichtig wie später die Pflege der bleibenden Zähne, denn auch sie können von Karies befallen werden und dann große Schmerzen verursachen. Wenn sie schadhaft sind, müssen sie plombiert

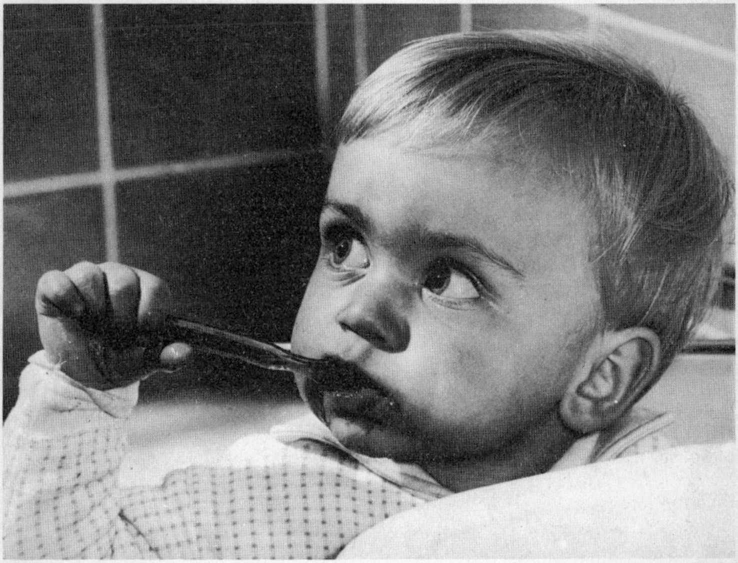

werden. Eine gute Hilfe zur Gesunderhaltung der Zähne ist festes Schwarzbrot mit harter Rinde. Es muß gründlich gekaut werden, das regt den reinigenden Speichelfluß an.

Schlaf

Der Rhythmus zwischen Schlafen und Wachen hat sich jetzt schon gut eingependelt. Das Kind schläft tagsüber normalerweise nur noch nach dem Essen. Die Schlafdauer beträgt im allgemeinen 12 bis 14 Stunden. Natürlich kann es gelegentlich einmal vorkommen, daß es auch weniger oder mehr schläft.
Wichtig ist, daß Sie Ihr Kind nie zum Schlafen zwingen. (Schicken Sie es auch nie zur Strafe ins Bett!) Wenn es einmal nicht einschlafen mag, so kann das folgende Gründe haben:
- Es ist nicht müde, weil es tagsüber zu wenig Bewegung an der frischen Luft hatte.
- Es möchte sich nicht von einer interessanten Tätigkeit trennen.
- Es hat Angst vor der Dunkelheit.
- Es möchte nicht allein sein.
- Es ist übermüdet, weil es motorisch sehr angestrengt war.
- Das Radio oder der Fernsehapparat im Wohnzimmer ist zu laut und erinnert das Kind dauernd daran, daß die Eltern nebenan noch auf sind.

Diesen Fällen können Sie so vorbeugen:
- Ihr Kind braucht täglich Bewegung an der frischen Luft.
- Das Kinderzimmer muß so eingerichtet sein, daß sich Ihr Kind darin wohl fühlt.
- Ein kleines Nachtlämpchen im Kinderzimmer nimmt die Angst vor der Dunkelheit und dem Alleinsein.
- Geben Sie Ihrem Kind ein „Betthupferl" in Form von Liedern, Geschichten und Zärtlichkeiten.
- Lassen Sie ein Lieblingstier mitschlafen.

Wenn das alles nichts hilft und Ihr Kind womöglich protestierend in seinem Bett steht, nehmen Sie es heraus, und lassen Sie es ruhig eine Weile noch aufbleiben. Einige Zeit später probieren Sie dann noch einmal, ob es jetzt einschlafen kann.

Vorsorgeuntersuchungen

Die vorletzte routinemäßige Vorsorgeuntersuchung (→ Elternbuch 1, S. 35) findet zwischen dem 21. und 24. Lebensmonat statt. Dabei erkundigt sich der Arzt danach, ob das Kind in der Zwischenzeit krank war, ob es Krampfanfälle hatte, ob es tagsüber bereits trocken ist, ob es unter Schlafstörungen leidet und ob seine Sprechentwicklung altersgemäß verläuft. Dazu werden folgende Bereiche untersucht: Gesamteindruck und Entwicklungsstand (Ist das Kind zu dünn oder zu dick? Hat es mehr als zehn Zähne?), motorische Entwicklung (Kann es frei laufen?), Herz und Lunge, Bauch, Geschlechtsorgane, Skelett, Nervensystem, Sinnesorgane (Kann das Kind gut sehen und hören?), psychische Entwicklung (Führt das Kind einfache Aufforderungen aus, und spricht es mehr als zehn Wörter?).
Die Vorsorgeuntersuchungen werden von den Krankenkassen bezahlt. Lassen Sie sie unbedingt an Ihrem Kind durchführen. Von den gesetzlichen Krankenkassen haben Sie das „Berechtigungsscheinheft K" erhalten und zwei Postkarten, mit denen Sie nun den Berechtigungsschein für die vorletzte Untersuchung anfordern können.

Schutzimpfungen

Nach dem 18. Lebensmonat ist immer noch die erste Pockenschutzimpfung zu empfehlen (gesetzlich nicht mehr vorgeschrieben!). Als freiwillige Impfung bietet sich darüber hinaus die vierte Mehrfachimpfung an, gegen Diphtherie, Wundstarrkrampf und Kinderlähmung (eventuell auch Keuchhusten und Masern). Sie wird zwischen dem 18. und 24. Monat vorgenommen.

Voraussetzung für die Impfung:

– Das Kind muß völlig gesund sein. Auch wenn zum geplanten Impftermin ein Familienmitglied krank ist oder Ihr Kind inzwischen krank war, sollten Sie das dem Arzt sagen. Er wird dann entscheiden, ob der Impftermin verschoben werden muß.
  Die Impfreaktion: Bei der Mehrfachimpfung kann sich die Einstichstelle etwas entzünden und anschwellen. Bei der Pockenimpfung bildet sich an der Einschnittstelle ein Knötchen, das später zu einem Bläschen wird. Möglicherweise bekommt das Kind Fieber. Allmählich trocknet das Bläschen ein, und es bildet sich ein Schorf. Achten Sie darauf, daß das Kind nicht an der Impfstelle kratzt und den Schorf entfernt, sonst wird die Narbe sehr groß. Das Kind sollte nach der Pockenimpfung nicht baden, bis der Schorf abgefallen ist.

Wichtige Tips:

– Erzählen Sie Ihrem Kind nicht, daß es gar nichts spüren wird. Sagen Sie ihm ruhig, daß es einen kleinen Schmerz erdulden muß, der so ähnlich ist wie das Kneifen mit den Fingernägeln.
– Nehmen Sie das Lieblingsspielzeug des Kindes zum Impftermin mit, und trösten Sie es bei Angstreaktionen.
– Gehen Sie möglichst zu einem Arzt, den Ihr Kind bereits kennt.
– Lassen Sie sich einen Termin geben, denn die lange Zeit im Wartezimmer ist eine Belastung, sowohl für Ihr Kind als auch für Sie.

Der Tagesablauf: Thema mit Variationen

Das ein- bis zweijährige Kind wacht gewöhnlich morgens zwischen 6 und 8 Uhr von selbst auf. In der ersten halben Stunde danach beschäftigt es sich noch ganz gut mit sich selbst. Doch dann wünscht es Abwechslung, Nahrung, eine trockene Windel, und vor allem möchte es, daß sich Vater oder Mutter mit ihm beschäftigen. Wenn Sie in dieser Zeit noch nicht länger auf Ihr Kind eingehen können, überbrücken Sie die Wartezeit durch einen Keks oder ein Brotstück zum Knabbern und ein kleines Glas Saft. Geben Sie ihm zusätzlich noch ein Spielzeug in die Hand oder sonst eine Abwechslung, so können Sie ohne Unterbrechung sich selbst ankleiden und das Frühstück zubereiten. Legen Sie Ihr Kind dann trocken, damit ihm das Frühstück gut schmeckt.
Nach dem Frühstück spielt Ihr Kind allein oder mit Ihnen (Lernspiel-Anregungen), oder Sie machen einen ersten Spaziergang mit ihm. Danach bieten Sie ihm einen kräftigen Zwischenimbiß an.
Zwischen 10 und 11 Uhr wird es sich in der ersten Hälfte des zweiten Lebensjahres gern zu einem kleinen Vormittagsschlaf hinlegen. Lassen Sie es von selbst aufwachen, auch wenn es das gemeinsame Mittagessen dadurch versäumt (für Sie selbst ist das vielleicht eine kleine Ruhepause). Es hat damit zugleich die Möglichkeit, sein Schlafbedürfnis selbst zu steuern, und ist am Nachmittag ausgeruht und lustig. Wacht es dann auf, legen Sie es wiederum trocken. Sie können ihm eine Mahlzeit anbieten und anschließend mit ihm einige Übungen des Entwicklungsprogramms durchführen. Bei regenfreiem Wetter suchen Sie wieder einen Spielplatz auf oder beschäftigen es auf der Terrasse oder auf dem Balkon. Spätestens während dieser Spielphase braucht Ihr Kind auch intensiven Kontakt mit Vater und Mutter, älteren Geschwistern oder mit anderen vertrauten Bezugspersonen.
Gegen 17.30 Uhr können Sie das Abendessen herrichten. Nach dem Essen spielt Ihr Kind gern nochmals mit den Erwachsenen. Toben Sie dabei aber nicht so intensiv mit ihm herum, daß es den Übergang zum Schlaf nicht mehr schafft. Zum Tagesausklang wünscht Ihr Kind vielleicht einige Lieder, eine kleine Geschichte, einen kurzen Rückblick auf einige Erlebnisse des Tages und Zärtlichkeit. Bleiben Sie nicht unbedingt am Bett sitzen, bis Ihr Kind die Augen schließt – zu leicht bleibt es sonst noch länger wach, um Sie als anregenden Unterhalter weiter dazubehalten. (Wenn es allerdings gar zu heftig nach Ihnen verlangt, nachdem Sie das Zimmer verlassen haben, sollten Sie ruhig gelegentlich „inkonsequent“ sein.) In der Regel schläft Ihr Kind dann, nach einem inhaltsreichen Tag, bis zu zwölf Stunden ohne Unterbrechung.

Wichtige Tips:

- Halten Sie eine gewisse Regelmäßigkeit des Tagesablaufs möglichst ein, seien Sie aber auch zu Ausnahmen bereit, damit Ihr Kind auch Gelegenheit hat, seinen Rhythmus umzustellen.
- Größere Unregelmäßigkeiten, wie z. B. eine Ganztagstour, kann Ihr Kind gut mitmachen, wenn Sie ihm dabei ebensoviel Zeit widmen wie sonst.

Diese Fähigkeiten erwirbt Ihr Kind im zweiten Lebensjahr

Die Wahrnehmung

Das Zusammenspiel aller Sinnesorgane verfeinert sich im zweiten Lebensjahr ständig. Und das bedeutet für das Kind, daß es die Wirklichkeit immer besser begreift und sich immer sicherer in ihr zurechtfindet.
Tasten und Schmecken sind ihm dabei noch die größte Hilfe. Indem das Kind einen Gegenstand anfaßt und ihn in den Mund steckt, überprüft und erweitert es die optischen Eindrücke: Welche Umrisse hat der Gegenstand? Wie fühlt sich seine Oberfläche an? (Ursprünglich hat das Sehen ja etwas mit dem Tasten gemeinsam: Das optische Erkennen eines Gegenstandes erfolgt zunächst über das „Abtasten" der Kontur mit dem Auge. Allmählich hebt sich die Figur oder der Gegenstand immer deutlicher vom Hintergrund ab.) Das Kind macht sich durch das Betasten aber auch mit der dritten Dimension vertraut und erkennt nach und nach den Unterschied zwischen innen und außen, hohl und massiv, oben und unten, vorne und hinten. Mit Vorliebe steckt es jetzt seine Finger in Hohlräume und Löcher. Es erlebt die Dinge seiner Umwelt immer plastischer.
Den weiteren Raum erobert es sich, indem es unermüdlich krabbelt und herumläuft. Mit diesen „Ausflügen" wächst sein Gefühl für Entfernungen. Die selbständige Fortbewegung ist dabei eine unerläßliche Voraussetzung für die Entwicklung des räumlichen Sehens. Bald kann das Kind mit einem Blick erfassen, ob der Gegenstand nah oder fern, hier oder dort, drinnen oder draußen ist.
Mit dieser Art des Wahrnehmens vollbringt es bereits eine große Leistung. Es ist nämlich gar nicht so selbstverständlich, daß man sofort erkennen kann, in welcher Entfernung sich ein Gegenstand befindet; denn auf der Netzhaut werden naheliegende Dinge groß und entferntere kleiner abgebildet, und erst durch die Erfahrung lernen wir unterscheiden, ob es sich dabei um einen kleinen Gegenstand handelt oder nur um einen, der weiter entfernt ist. Wenn das Kind diese räumliche Erfahrung geistig verarbeitet hat, wird es seine Hand z. B. auch nicht mehr greifend nach dem Mond ausstrecken!
Auch das Gehör wird immer differenzierter. Das Kind hat inzwischen gelernt, Geräusche im Raum genau zu lokalisieren und ihrer Quelle zuzuordnen. Mit Beginn des zweiten Lebensjahres lernt es dann, einzelne Laute zu unterscheiden, erst die Vokale, später die Konsonanten. Besonders die Unterscheidung zwischen stimmhaften und stimmlosen Konsonanten ist eine große Leistung, denn für das menschliche Gehör liegen solche Unterschiede an der Grenze der Wahrnehmbarkeit. Gegen Ende des zweiten Lebensjahres hört es seine eigenen Laute so genau und bewußt, daß es die Worte und ihre Aussprache kontrollieren kann. Es macht sogar schon Versuche, sie zu verbessern.

Denken, Lernen, Gedächtnis

Bereits mit einem Jahr ist ein Kind zu intelligenten Handlungen fähig. In der kommenden Zeit erhält es immer neue Voraussetzungen dafür, daß es logisch und sinnvoll handeln kann: das Kind lernt denken.

Es paßt sein Verhalten rasch an neue Situationen an, bis es gegen Ende des zweiten Lebensjahres sogar schon „überlegt", bevor es handelt. Denken ist ja teilweise ein „verinnerlichtes" Handeln mit Hilfe von Vorstellungen, ein Durchprobieren verschiedener Möglichkeiten im Geiste, bis man schließlich den besten Weg erkennt und in die Tat umsetzt.
Das Kind experimentiert mit den Dingen, um zu sehen, was passiert und welche Eigenschaften sie haben. Dabei geht es nicht mehr „blind" probierend vor. Jeder Versuch wird von der Erfahrung gelenkt, die beim vorhergehenden Experiment gewonnen wurde. Das Kind variiert sein Verhalten, um eine Lösung für sein Problem zu finden.
Wenn es beispielsweise ein Spielzeug auf einem Tisch entdeckt, so benützt es zum Herunterholen nicht nur die Mittel, die unmittelbar in seinem Blickfeld liegen, sondern es beginnt aktiv nach einem

Bei seinen Spielen beobachtet das Kind häufig sehr aufmerksam die Auswirkungen seiner Handlungen. Bleibt diese Heuschrecke im Gras ebenso stehen wie auf der Terrasse? Was passiert, wenn die Heuschrecke langsam, was, wenn sie schnell gezogen wird?

Hilfsmittel zu suchen: Es schiebt z. B. einen Stuhl heran, der in einer anderen Ecke des Zimmers steht. Es hat also die Erfahrung gemacht, daß man manchmal nur über einen Umweg ein bestimmtes Ziel erreichen kann. Sein Gedächtnis hat bereits bestimmte Erkenntnisse gespeichert, die dieses Such- und Umwegverhalten ermöglichen.
Zwischen dem 18. und 20. Monat vollzieht sich eine entscheidende Wendung:

Es denkt nun wirklich im eingangs beschriebenen Sinn, das heißt, es kann bestimmte Handlungen durchprobieren, sie als mehr oder weniger tauglich erkennen und sich dann für den erfolgversprechendsten Weg entscheiden. So läßt sich eine Lösung natürlich viel schneller finden, als wenn man jede einzelne Handlung konkret ausführt. Es wird z. B. nicht mehr versuchen, einen langen Stock quer durch eine Öffnung zu ziehen, sondern ihn schon vorher richtig drehen. Hier liegt also der Übergang zur vorstellenden Denkaktivität.

Wahrnehmungen können durch Vorstellungen ersetzt und durch ein Symbol bezeichnet werden, z. B. durch ein Wort. Somit wird der Gegenstand auch für das Kind zu etwas, das unabhängig von der Handlung und Wahrnehmung des Kindes vorhanden ist.

Um den 18. Monat herum besitzt das Kind bereits so viele Kenntnisse über die Beziehungen zwischen den Dingen, daß es aus ihren Merkmalen auch auf die unmittelbare Zukunft schließen kann. Es weiß z. B., daß bald jemand zum Telefon gehen wird, wenn dieses klingelt, oder daß die Aussicht auf einen Spaziergang besteht, wenn ihm Mütze und Mantel angezogen werden. Ein gewisses Verständnis für Zusammenhänge ist jetzt also vorhanden. Das Kind erwartet schon im voraus die Wirkungen von Ursachen und kann aus den Folgen auch die Ursachen erschließen. Die Erinnerung reicht immer weiter zurück. Es weiß noch Dinge, die am vorangegangenen Tag passiert sind und kennt die Bedeutung von „jetzt“ und „bald“. Allmählich lernt es so, Dinge zu erwarten.

Sprechen und Verstehen

Neben dem Laufenlernen ist die Sprechentwicklung die auffälligste Leistung des zweiten Lebensjahres. Die Sprache ist die spezifisch menschliche Form der Verständigung. Die ersten Worte sind das Ergebnis der gefühlsmäßigen Beziehung des Kindes zu den Personen seiner Umgebung. Es drückt damit sein Bedürfnis nach sozialem Kontakt aus.

So ist es nur natürlich, daß das erste Wort, welches das Kind aussprechen und sinnvoll gebrauchen kann, gewöhnlich „Mama“ lautet. Dieser Ausruf kann vieles bedeuten: „Mama, komm her!“, „Mama, hilf mir!“ oder „Mama, gib mir das Spielzeug!“

Die wenigen Worte, die ein Kind zu Beginn des zweiten Lebensjahres sprechen kann, haben also die Bedeutung eines ganzen Satzes und wechseln je nach der Gelegenheit ihren Sinn. Aus den begleitenden Bewegungen und den Umständen muß man dann erraten, was gemeint ist.

Die Worte bezeichnen noch nicht eindeutig einen bestimmten Gegenstand, sondern die gesamte Situation, in der sie das Kind kennengelernt hat. So gebraucht es vielleicht das Wort „Wau-wau“ nicht nur für Hunde, sondern für viele Dinge, die sich bewegen. Ein Wort bezeichnet also noch nicht einen Gegenstand oder eine Klasse von Gegenständen in unserem Sinne.

So entsteht der Eindruck, das Kind könne noch nicht verallgemeinern. Richtiger ist folgendes: Das Kind bildet seine Begriffe aufgrund von Eigenschaften, die ihm besonders auffallen (z. B. „beweglich sein“ – siehe oben).

Deshalb ist die Verständigung mit Hilfe der ersten Worte oft noch schwer. Meistens verstehen nur die Personen der engsten Umgebung, was jeweils gemeint ist, denn nur sie kennen die Bedingungen, unter denen das Kind ein Wort kennengelernt hat. Dazu noch ein Beispiel zur Veranschaulichung: Eine Mutter zeigt eines Tages ihrem Kind ein Bild an der Wand und sagt dazu: „Schau, das ist Dein Onkel.“ Das Kind ist fasziniert von dem Bilderrahmen (weniger von dem Onkel), und weil „das da“ oben hängt (neugiererweckend und doch unerreichbar), bezeichnet es von nun an alle Bilder, aber auch eine Uhr an der Wand, mit „Onkel“. Dahinter verbirgt sich schon eine hohe Abstraktionsleistung. Erst ab eineinhalb Jahren verwendet ein Kind Begriffe immer mehr in unserem Sinn – es achtet auf die Merkmale, nach denen wir überwiegend gruppieren (z. B. Größe, Farbe, Material, Form und Funktion).

Zu Beginn des zweiten Jahres vergrößert sich der Wortschatz des Kindes nur langsam. Sein Interesse scheint ganz auf das Laufenlernen und die damit verbundene Umwelterkundung gerichtet zu sein. In der Jahresmitte ändert sich das: Von nun an steigt der Wortschatz sprunghaft an. Gleichzeitig verbessert sich die Struktur der Sprache. Die Bedeutung des Sprechens für die psychische Entwicklung verändert sich. Am Ende des Jahres bildet das Kind Sätze mit zwei oder drei Wörtern. Die Wörter sind nicht mehr nur situationsgebunden, sondern haben schon weitgehend die Bedeutung, in der sie Erwachsene gebrauchen. Das gilt zumindest für Wörter, die Gegenstände bezeichnen, jedoch noch nicht für abstrakte Begriffe wie „Freund“, „Merkmal“, „Denken“ usw. Die Aussprache hinkt allerdings noch hinterher. Manche Konsonanten kann das Kind noch nicht aussprechen, und es verschluckt Silben. Mit den wachsenden Sprachkenntnissen wird jedoch eine neue Art der Kommunikation mit Erwachsenen möglich: die sprachliche Mitteilung.

Schneller als Sprechen lernt das Kind, den Sinn von Wörtern und Sätzen zu verstehen. Zu Beginn des Jahres begreift es, was mit bestimmten Aufforderungen und Aufträgen gemeint ist: „Komm, wir gehen jetzt!“ – „Nein, laß das bitte liegen.“ Mit etwa 18 Monaten versteht es schon kompliziertere Zusammenhänge: „Zeig den Teddy mal der Tante!“ Es kann einen solchen Auftrag jedoch nur dann richtig ausführen, wenn es sich nicht um eine völlig neue Gesamtsituation handelt, sondern wenn es ihn schon einmal unter ähnlichen Voraussetzungen gehört hat.

Die Sprache dient nicht nur zur immer besseren Verständigung, sie übernimmt auch allmählich die Rolle eines Verhaltensregulators. Das Kind führt auf Aufforderung des Erwachsenen eine gewünschte Handlung aus. Auch die Art, wie eine Handlung ausgeführt werden soll, kann jetzt sprachlich gelenkt werden: „Du mußt den Bleistift drehen, dann kannst Du damit zeichnen!“

Später begleitet das Kind seine Handlungen selbst mit Worten. Es redet mit der Puppe, gibt sich Aufträge und weist sich zurecht, wenn es etwas falsch gemacht hat. (Hier bahnt sich an, was später zur „inneren Stimme“ wird.)

Vielleicht wollen Sie jetzt wissen: „Wie viele Wörter und Sätze sollte mein Kind denn mit eineinhalb und zwei Jahren sprechen können?“ Es gibt darauf keine eindeutige Antwort. Die Angaben in der Fachliteratur reichen von weniger als 50 bis über 500 Wörter. Körperliche Reifungsvorgänge, welche zunächst die Lautproduktion beeinflussen, treten nun immer mehr in den Hintergrund. Wann ein Kind anfängt zu sprechen und wieviel es spricht, hängt hauptsächlich mit der Förderung durch seine soziale Umwelt zusammen. Bei der Vorsorgeuntersuchung im 21. bis 24. Lebensmonat wird von einem normal entwickelten Kind verlangt: „Führt einfache Aufforderungen aus. Verfügt über mehr als zehn Worte.“

An eine krankhafte Störung ist erst zu denken, wenn das Kind mit eineinhalb Jahren noch kein einziges Wort sprechen kann und wenn es mit zwei Jahren noch gar keine kurzen Sätze versteht.

Es ist klar, daß ein Kind schneller und besser sprechen lernt, wenn ihm die Eltern

von Anfang an viel vorsprechen. Kinder aus Familien, in denen die Mutter und der Vater wenig Zeit haben, werden also gewöhnlich länger zum Sprechenlernen brauchen.
Außerdem ist es wichtig, daß man sich nicht in der Babysprache mit dem Kind unterhält, sondern in klar artikulierter Umgangssprache. Man sollte das Kind nicht korrigieren, wenn es ein Wort falsch ausspricht, sonst verliert es die Lust am Sprechen. Es genügt, daß es bei den Erwachsenen immer wieder die richtige Aussprache hört.
Das Sprechenlernen macht vor allem dann Fortschritte, wenn das Kind auch einen Grund darin sieht, Worte aktiv zu gebrauchen. Wenn es erst einmal einige Worte sprechen kann, sollte die Mutter nicht mehr sofort auf jeden Wunsch eingehen, der durch Gesten geäußert wird. Sie kann versuchen, das Kind zur sprachlichen Erklärung anzuleiten. (Natürlich muß die Mutter wissen, ob das Kind die nötigen Wörter für seinen Wunsch schon kennt!)
Wir haben bereits im Elternbuch 1 darauf hingewiesen, daß Zwillinge in ihrer sprachlichen Entwicklung gewöhnlich zurückbleiben, da sie untereinander eine besondere Form der Verständigung üben. Einen Großteil ihrer sozialen Bedürfnisse befriedigen sie sich gegenseitig. Sie ahmen sich eher selbst nach, und das sprachliche Vorbild des Erwachsenen spielt eine geringere Rolle.

Für Kinder sind (ganz anders als für Erwachsene) alle Dinge zunächst gleich interessant, mindestens solange es an ihnen etwas Neues zu entdecken gibt. Und wenn Erwachsene diese Geräte benützen, werden sie um so attraktiver.

Die schwerwiegendste Behinderung entsteht durch Kontaktmangel. Bei einem Kind, das zu wenig Umgang mit Erwachsenen hat oder nicht unterstützt wird, wenn es sich hilfesuchend an sie wendet, verkümmert auch sprachlich das Bedürfnis, sich an sie zu wenden. Ein Kleinkind handelt noch hauptsächlich mit der Hilfe der Erwachsenen, es ist darauf angewiesen. Der sprachliche Dialog ist ein Teil dieser gemeinsamen Tätigkeiten. Und dabei eignet es sich auch Wörter am leichtesten an, weil sie ihm nicht nur vorgesprochen werden, sondern weil das Interesse an der gemeinsamen Tätigkeit auf das Lernen der neuen Wörter übergreift. Dadurch ist die positive Reaktion und ein aktives Verhalten gesichert. Das Kind lernt, daß der Gebrauch der Sprache die Aktivitäten und Beschäftigungen erleichtert, anregt und interessanter macht.

Die Entwicklung der Handlungen

Mit den wachsenden Fähigkeiten des Kindes steigen stufenweise auch die Forderungen, die Erwachsene ihm stellen dürfen. Schrittweise kann es nun den „Schonraum" verlassen, der ihm anfangs wegen seiner Hilflosigkeit und „Unfertigkeit" selbstverständlich zugestanden wurde. Es soll ja immer mehr Voraussetzungen für selbständiges Handeln erlangen.

Dazu gehört, daß es nach und nach alle Dinge kennenlernt, die im Leben der Erwachsenen eine Rolle spielen. Zum Kennenlernen gehört auch, daß es erfährt, wie man einen Gegenstand richtig gebraucht. Ein Löffel beispielsweise ist zunächst nur ein Spielzeug für das Kind: Es kann damit auf den Teller trommeln und Musik machen. Um ihn „richtig" zu benützen, muß es lernen, wie man ihn hält und wie man ihn zum Mund führt. Dann ist der Löffel nicht mehr nur Spielzeug, sondern auch Werkzeug.

Andererseits kann auch ein Spielzeug „Werkzeughandlungen" verlangen: Soll sich ein Kreisel oder ein Rad drehen, so muß man in einer vorgeschriebenen Weise mit ihnen verfahren. Beide Bereiche sind also unabhängig voneinander zu betrachten.

Allmählich beginnt das Kind zu verstehen, daß man mit einem Gegenstand bestimmte Dinge tut und andere nicht. Dieser Lernprozeß steigert sich durch die zunehmende Fähigkeit des Kindes, die Handlungen der Erwachsenen nachzuahmen und zu wiederholen sowie durch sein wachsendes Sprachverständnis. Zeigt man ihm nun, wie es mit einem Gegenstand umgehen soll, so wird es ihn nicht mehr nur neugierig in den Mund stecken oder spielerisch wegwerfen. Es versucht vielmehr, die Handlung nachzuahmen.

Allerdings sind die spezifischen Handlungen in diesem Stadium noch an das konkrete Einzelding gebunden, an dem ihm der Gebrauch demonstriert wurde. Es dauert eine Weile, bis das Kind verallgemeinern und die gleiche Handlung auch auf einen anderen Gegenstand übertragen kann.

Schon gegen Ende des ersten Jahres ließ sich durch sprachliche Anweisungen eine Tätigkeit beim Kind anregen oder unterbrechen. Nun kann man allmählich immer mehr mit Worten erreichen. Das Kind versteht jetzt nicht nur die Aufforderung „Nimm die Tasse!". Es weiß auch, was mit

„Ich bin der Größte", sagt dieser Junge. Unzählige kleine Erfolgserlebnisse bauen das Selbstbewußtsein und das Selbstverständnis nach und nach auf.

dem Satz „Du mußt die Tasse so halten!“ oder „Achtung, gleich verschüttest Du den Tee!“ gemeint ist.
Es ist wichtig, daß das Kind zu solchen „Werkzeughandlungen“ angeregt wird. Die Erwachsenen müssen sie ihm immer wieder vormachen und erklären, denn von selbst würde es sie ja nicht lernen. Dabei wird zugleich seine intellektuelle Entwicklung angeregt. Im praktischen Umgang mit Gebrauchsgegenständen liegt die Grundlage zum anschaulich-konkreten Denken. Durch Wiederholungen werden Erfahrungen im Gedächtnis gespeichert, die später in ähnlichen Situationen abrufbar sind. Außerdem prägt sich das Kind die wesentlichen Merkmale der Gegenstände ein.
Und nicht zuletzt machen ihm diese kleinen Aufgaben großen Spaß und heben sein Selbstbewußtsein. Es strahlt vor Freude und Stolz, wenn es allein mit dem Löffel essen oder aus dem Becher trinken kann. Es möchte ja alles so tun wie die Erwachsenen!

Selbstgefühl

Im Säuglingsalter wurde die Basis des Vertrauens zu anderen Menschen gelegt. Auf dieser Grundlage kann das Kind jetzt das Vertrauen zu sich selbst entwickeln, zu seinen Fähigkeiten und zu seinem Körper. Mit einem Jahr erlebt sich das Kind bereits als etwas, das anders ist als die Umwelt. Es hat inzwischen mit den Händen seinen Körper ertastet und untersucht. Nun, wo es langsam „auf eigenen Füßen“ steht, bekommt sein Selbstgefühl einen neuen Impuls. Es strebt nun in jeder Hinsicht „Selbständigkeit“ an. Mit jeder Fertigkeit wächst bei ihm das Gefühl für sein Können und seine Unabhängigkeit.
Seine geübte Motorik verleiht ihm zunehmend Macht über die Umgebung: Es kann greifen und festhalten, holen und wegstoßen. Mit Menschen kann es ebenso verfahren: Einmal ist es anschmiegsam und zärtlich, im nächsten Augenblick widerspenstig und voller Abwehr.
Diese Versuche zur Selbständigkeit sollen in jeder Weise unterstützt werden. Das Kind muß merken, daß das tiefe Einverständnis mit den Eltern auch dann erhalten bleibt, wenn es seinen Willen einmal zu heftig durchzusetzen versucht, eigensinnig reagiert oder selbst zwischen verschiedenen Impulsen hin- und hergerissen wird. Seine Sicherheit schwankt noch, daher muß es durch die Reaktion spüren, daß es ernst genommen wird. So ist das Kind trotz aller Selbständigkeit noch sehr schutzbedürftig und muß von den Erwachsenen Halt bekommen. Allmählich reift die Erkenntnis in ihm, daß es auf der Welt noch andere Menschen gibt, die ihm mehr oder weniger gleichen. Allerdings kann es seinen Standort noch nicht genau bestimmen. Es sagt noch nicht „ich“, sondern nennt sich selbst mit seinem Vornamen. Es fühlt sich meist auch noch nicht angesprochen, wenn man „du“ zu ihm sagt. Das ist erst mit zweieinhalb Jahren möglich.

Gefühle und soziales Verhalten

In den ersten Lebensjahren wird das spätere Gefühlsverhalten eines Menschen geprägt. Also sollten die positiven Gefühlserlebnisse (Freude oder Entspannung) die negativen (Angst, Enttäuschung oder Hilflosigkeit) überwiegen. Ein gewisses Maß an negativen Erfahrungen wird sich jedoch nicht vermeiden lassen und ist sogar notwendig. Denn das Kind muß ja lernen, auch mit Enttäuschungen fertig zu werden, ohne gleich vor Kummer daran zu zerbrechen. Ein Kind, das zu stark beschützt wird und dem man jede Schwierigkeit aus dem Weg räumt, wäre später zu leicht verwundbar. Um Mißverständnis-

„Wenn Du willst, bekommst Du den Rest von meiner Schokoladenzigarette. Dann kannst Du auch wie die Erwachsenen rauchen. Die schmeckt prima!“

sen vorzubeugen: Diese Frustrationen sollen natürlich nicht absichtlich von den Eltern verursacht werden. Sie ergeben sich von selbst, z. B. durch Verbote, auf denen man zum Schutz des Kindes bestehen muß, aber auch aus den Mißerfolgen, die das Kind wegen seiner mangelnden Fähigkeiten immer wieder erlebt. Positive Gefühle sind schon während des ersten Lebensjahres nicht mehr nur an die Befriedigung physischer Bedürfnisse geknüpft. Es lächelt nicht nur zufrieden, wenn es satt ist, sondern auch, wenn sich eine vertraute Person nähert. Dagegen ist es unzufrieden. wenn man streng mit ihm redet.

Die sozialen Gefühle des Kindes werden im zweiten Lebensjahr immer vielfältiger und differenzierter.

Es freut sich nicht nur über freundliche Zuwendung, sondern sucht auch von sich aus schon Zärtlichkeit, besonders wenn es müde wird. Es reagiert gekränkt, beleidigt oder wütend, wenn ihm etwas nicht paßt, und es zeigt Freude und Stolz über eine eigene Leistung. Auch die Weise, wie die Gefühle sich äußern, wird differenzierter. Das zeigt sich vor allem in Situationen, die Zorn oder Angst hervorrufen. Früher schrie es, wenn es Wut oder Angst ausdrücken wollte. Jetzt hat es mehr Möglichkeiten: Es macht im Widerstand seinen Körper steif, feuert zornig seine Spielsachen durchs Zimmer oder läuft ängstlich weg. Später kann es auch mit Worten seine Gefühle ausdrücken. Behinderungen in der Bewegungsfreiheit nimmt das Kind jetzt nicht mehr geduldig hin, auch nicht die Vereitelung seiner Absichten. Es versucht statt dessen zielbewußt seinen Willen durchzusetzen und reagiert unwillig, wenn es dabei behindert wird. Es neigt stark zur Eifersucht, wenn ihm die Aufmerksamkeit der Mutter nicht ungeteilt gilt. Das kann problematisch werden, wenn jetzt ein Geschwisterchen geboren wird.

Jetzt erlebt Ihr Kind auch häufiger Angstgefühle. Es kann immer mehr Gefahren erkennen, weiß aber noch nicht, wieweit es bedroht ist und wie es sich davor schützen kann. Dunkle Zimmer, Alleinsein oder plötzliche Ortsveränderungen ängstigen es, es fürchtet sich, wenn es auf dem Tisch steht oder nicht mehr von einem Stuhl herunterklettern kann. Dann weint es, verbirgt das Gesicht oder sucht einen sicheren Abstand zu gewinnen. Auch Gefühle wie Neid (auf Spielsachen anderer Kinder) oder Mitleid (mit jemandem, der weint) kennt es bereits.

Doch es gibt immer noch bedeutsame Unterschiede zum Gefühlsleben der Erwachsenen. So kann es seine Gefühle noch nicht steuern, sondern drückt sie sofort in sichtbaren Handlungen aus. Dadurch wird eine schnelle Befreiung erreicht. Die Gefühle wechseln also häufig. Das hängt auch damit zusammen, daß seine Aufmerksamkeitsspanne sehr kurz ist. Es hat also bald den Anlaß seiner Tränen vergessen, wenn es abgelenkt wird. Seine Gefühlsausbrüche sind sehr intensiv, feinere Abstufungen sind noch nicht ausgebildet. Deshalb reagiert es gleich stark auf bedeutende und unbedeutende Anlässe.

Wenn es versucht, seine Gefühle zu unterdrücken, z. B. aus Furcht vor Strafe, stellen sich andere Verhaltenssymptome ein: Es läuft unruhig hin und her, es uriniert öfter als sonst, es ißt nur wenig und entwickelt nervöse Angewohnheiten (→ S. 39ff.).

Man kann also sehr leicht ablesen, was ein Kind gerade empfindet.

Sein soziales Verhalten zu gleichaltrigen Kindern ist durch die Eigenart seiner Gefühlswelt geprägt. Manche Verhaltensweisen erscheinen egoistisch oder aggressiv, stellen jedoch ein ganz normales Entwicklungsstadium dar und dürfen deshalb nicht negativ bewertet werden. Häufig scheint das gemeinsame Spielen hauptsächlich darin zu bestehen, daß sich die Kinder die Spielsachen wegnehmen. Sie können eben noch nicht teilen oder gemeinsam mit demselben Spielzeug spielen. Manchmal ahmen sich die Kinder auch nach, jeder will tun, was der andere tut. Gleichaltrige Kinder sitzen aber auch gern nebeneinander, und jedes spielt für sich. Für den Beobachter sieht es zunächst so aus, als ob jedes genausogut allein sein könnte. Doch an einem gelegentlichen Anlächeln oder Blickwechsel merkt man, daß die Kinder ihre gegenseitige Nähe doch ganz genau wahrnehmen und ihnen das Zusammensein Spaß macht.

Die wichtigsten Partner für das Kind sind jedoch immer noch die Eltern, der soziale Kontakt mit ihnen befriedigt am meisten. Denn ihnen fällt es leicht, der gebende und vorausschauende Teil zu sein, sie können sich am besten auf das Kind einstellen. Es kann sich deshalb bei ihnen entspannt wohl fühlen.

Ihr Kind hilft mit bei der Sauberkeitserziehung

Ein Kind lernt ganz von selbst, seine Ausscheidungsfunktionen zu beherrschen, allerdings erst im Alter von vier bis fünf Jahren. Dies hat man bei der Untersuchung afrikanischer Stämme gefunden, die keinen Wert auf frühe Reinlichkeitserziehung legen.
In unserer Kultur ist das anders. Viele Mütter halten es für ein Zeichen guter Erziehung, wenn ihr Kind frühzeitig „sauber" ist. Es wird zur Prestigefrage, daß das eigene Kind im Vergleich mit Gleichaltrigen möglichst gut abschneidet. Dabei wird meistens eines vergessen: Die Steuerung der Ausscheidungsfunktionen ist nicht nur eine Sache des guten Willens und der Übung, sie ist vielmehr weitgehend von Reifungseinflüssen abhängig. Sauber werden bedeutet: einen Vorgang, der ursprünglich unwillkürlich abläuft, allmählich willentlich steuern. Erst wenn die körperlichen Voraussetzungen vorhanden sind, können die komplizierten Verbindungen zwischen unwillkürlichen und willkürlichen Vorgängen langsam ausgebildet werden. Die bewußte Beherrschung der Schließmuskulatur von Blase und Darm gelingt dem Kind gewöhnlich erst gegen Ende des zweiten Lebensjahres. Dann sind seine Muskeln stark und koordiniert genug. Aber auch später kommt es noch manchmal vor, daß das Kind einnäßt, besonders dann, wenn es sehr müde oder sehr aufgeregt ist. (Deshalb passiert es übrigens speziell dann, wenn Sie mit dem Kind zu Besuch sind!) Die Kontrolle der Ausscheidungsorgane ist also auch kein einfacher physiologischer Reflex, sondern eine komplizierte, von Reifungsvorgängen bestimmte Verhaltensweise des „ganzen" Kindes. Diese nervliche und psychische Gesamtreaktion ändert sich während des zweiten Lebensjahres und ist großen Schwankungen unterworfen. Die Eltern sollten nicht versuchen, diesen Prozeß abzukürzen. Sie können ihn aber durch geeignete Maßnahmen unterstützen, indem sie beobachten, in welchem Entwicklungsstadium sich ihr Kind gerade befindet, und dann ihr Verhalten darauf abstimmen.

Entwicklung der Ausscheidungsfunktionen

Im folgenden geben wir Ihnen eine Übersicht über die Entwicklung der Ausscheidungsfunktionen im zweiten Lebensjahr. Sie werden dabei erkennen, daß eine richtige Sauberkeitserziehung frühestens mit 18 Monaten einsetzen kann und mindestens sechs bis neun Monate in Anspruch nimmt.
Das erfolgreiche Vorgehen dabei wird erleichtert, wenn die Mutter aufmerksam beobachtet, zu welchen Zeiten ihr Kind Blase oder Darm gewöhnlich entleert. Oft sieht sie es dem Kind auch an, daß es jetzt soweit ist. Auf diese Weise kann schon einiges im Töpfchen aufgefangen werden, was sonst in die Windeln gehen würde. Das Kind lernt gleichzeitig den Zusammenhang zwischen Entleerung und Topf. Mit etwa 15 Monaten verlängern sich die Abstände zwischen den Entleerungen auf zwei bis drei Stunden. Schwierigkeiten bereitet dem Kind nun die Entspannung der Schließmuskulatur, die zur Entleerung nötig ist. Es kann besser verhalten als loslassen. So kommt es häufig vor, daß sich die Schließmuskeln erst dann öffnen, wenn man das Kind vom Topf nimmt. Natür-

lich ist das keine böse Absicht des Kindes. Es übt einfach im Sitzen seine neuerworbene Fähigkeit des Zurückhaltens. Erst etwas später lernt es, auf eigenen Wunsch hin loszulassen. Das gleiche gilt übrigens auch für andere Muskelgruppen. So kann das Kind mit der Hand ohne Schwierigkeiten einen Gegenstand greifen oder festhalten; die geforderte Entspannung beim Hergeben erfordert dagegen sehr viel mehr Steuerung.

Ab eineinhalb Jahren gelingt also beides: willentliches Zurückhalten und willentliches Entspannen. Erst jetzt kann man an die Mitarbeit des Kindes appellieren. Eine große Hilfe ist dabei die Sprache. Die meisten Kinder kennen nun schon den Zusammenhang zwischen dem Wort „Aa", ihren Ausscheidungen und dem Töpfchen. Sie können sich manchmal auch schon im voraus melden oder mit Nein antworten, wenn die Mutter fragt, ob sie auf den Topf müssen. Meistens meldet sich ein Kind in diesem Alter aber erst, wenn die Hosen schon voll sind.

In den folgenden Monaten macht es immer häufiger darauf aufmerksam und kündigt oft an, daß es jetzt gleich „muß". Mit etwa eindreiviertel Jahren nehmen die Ausscheidungen zahlenmäßig wieder zu, die Pausen sind kürzer. Das liegt daran, daß die Entspannung jetzt den Vorrang vor dem Zurückhalten hat. Man braucht also dabei nicht gleich an eine Verdauungsstörung zu denken.

Jeder dieser Töpfe ist für Ihr Kind gut geeignet; der durchsichtige hat des besonderen Vorteil, daß Sie Ihr Kind nicht zwischendurch hochheben müssen, um sich vom Erfolg zu überzeugen (oben).

„Was der Affe kann, kann ich schon lange . . ." (rechts).

Beim zweijährigen Kind haben sich beide Funktionen soweit eingependelt, daß es leicht sauber bleibt. Es meldet sich, wenn es muß, es zieht sich vielleicht sogar schon selbst das Höschen aus. Mit nächtlichem Einnässen muß man aber auch jetzt noch rechnen.

Während dieses ganzen Zeitraumes kommt es vor, daß das Kind mit seinen Ausscheidungsprodukten zu spielen versucht. Das ist eine natürliche und vorübergehende Erscheinung, die mit der allgemeinen Neugier auf alle Dinge zusammenhängt. Man kann das jedoch weitgehend vermeiden, indem man das Kind nicht mit dem Töpfchen allein läßt oder ein Spielzeug zur Ablenkung bereithält.

Praktische Anleitung

Man kann davon ausgehen, daß das Kind von selbst Bemühungen in Richtung „sau-

ber werden“ macht, wenn es entwicklungsmäßig „reif“ dazu ist. Die Aufgabe der Eltern besteht nur darin, diese Bemühungen zu unterstützen und ihm die nötigen Hilfsmittel anzubieten. Wenn man die Sauberkeitserziehung in diesem Sinn als ein Angebot an das Kind auffaßt, kann man eigentlich keine schwerwiegenden Fehler mehr machen. Wir wollen Ihnen zusammenfassend Regeln aufzählen, die Ihnen das richtige Verhalten erleichern:

- Es ist zweckmäßig, eine systematische Sauberkeitserziehung erst vom 18. Monat an (oder später) zu beginnen, da erst zu diesem Zeitpunkt eine bewußte Kontrolle der Schließmuskeln möglich wird. Die Trockenpausen betragen bis zu drei Stunden. Außerdem kann das Kind jetzt sicher gehen und sitzen. Es kann sich mitteilen und die Bedeutung Ihrer Worte verstehen.
- Zeigen Sie Ihrem Kind die schmutzigen Windeln, damit es begreift, was das Wort „Aa“ bedeutet, und erklären Sie ihm auch, daß das Häufchen ins Töpfchen oder in die Toilette gehört.
- Bringen Sie Ihrem Kind auch das Wort „Aa“ bei (oder ein anderes, einfaches Wort für das „große Geschäft“), damit es allmählich lernt, wie es sich melden soll.
- Setzen Sie Ihr Kind probeweise aufs Töpfchen, wenn Stuhlgang zu erwarten ist (meist nach dem Aufwachen oder nach den Mahlzeiten).
- Sagen Sie dabei „Aa“, und veranlassen Sie das Kind, dies selbst auszusprechen.
- Lassen Sie Ihr Kind jeweils nur ein paar Minuten auf dem Topf sitzen, auch wenn sich kein Erfolg einstellt. Sonst gewöhnt es sich an, auf dem Töpfchen zu spielen, und betrachtet die „Sitzung“ nicht mehr als eindeutige Aufforderung zur Entleerung.
- Zeigen Sie keine große Enttäuschung, wenn die „Sitzung“ erfolglos war.

- Loben Sie Ihr Kind, wenn es geklappt hat. Betrachten Sie den Erfolg als ein Geschenk, das Ihnen gemacht wird. Natürlich dürfen Sie nicht übertreiben und einen Kult daraus machen. Verschrekken Sie Ihr Kind nicht mit Naserümpfen (über den Geruch) oder mit Worten des Ekels.
- Nehmen Sie ihm sein „Produkt" nicht einfach fort, sondern erklären und zeigen Sie ihm, was weiterhin damit passiert.

Sauberkeit im Erleben des Kindes

Die Ausscheidungsvorgänge sind in unserer Kultur stark tabuiert. „Man" spricht nicht darüber, „man" verbirgt es peinlich. Das Kind kennt diese Tabus nicht. Im Gegenteil, es hat ausgesprochene Lustempfindungen bei der Darmentleerung. In seinem ersten Lebensjahr läßt man es dabei auch gewähren. Aber nun soll es sich plötzlich nicht mehr seinen lustvollen Empfindungen überlassen können, sondern es soll sie verzögern und nur unter bestimmten Umständen genießen dürfen. Dann nämlich, wenn es auf dem Topf sitzt. Es ist für das Kind gar nicht so einfach, dies zu verstehen.
Es ist wichtig, daß das Kind lernt, sich selbst zu beherrschen. Doch sollte dies freiwillig geschehen, nicht unter Zwang und nicht aus Angst vor einer möglichen Bestrafung. Niemand schimpft ein kleines Kind, wenn es sich beim Laufen noch ungeschickt anstellt und immer wieder hinfällt: „Es kann ja nichts dafür, es ist ja noch so klein!" Merkwürdigerweise ist das bei der Sauberkeitserziehung anders. Hier heißt es oft: „Das Kind kann schon, wenn es nur will. Das hat es ja schon bewiesen. Es soll eben aufpassen und sich Mühe geben!" Der Kampf ums Töpfchen ist unsinnig und vermeidbar, wenn man von dem Gesichtspunkt der Reife ausgeht. Rückfälle sind keine Bosheit des Kindes, sondern entwicklungsbedingte Schwankungen. Zu früh einsetzende Dressur kann nur zu vorübergehenden Scheinerfolgen führen. Außerdem erzeugt sie im Kind eine negative Einstellung gegenüber der Sauberkeitserziehung, die auch dann noch beibehalten wird, wenn das Kind reifemäßig in der Lage wäre, seine Ausscheidungsvorgänge zu beherrschen. So entstehen Trotzhaltungen und andere psychische Störungen. Auch die Frage „Muß ich alles auf Kommando hergeben, oder darf ich auch etwas für mich behalten, wenn ich mag?" wird für das gesamte weitere Leben bedeutsam. Wenn sich die Eltern in dieser Angelegenheit zu streng verhalten, sind Autoritätskonflikte, Schuldgefühle oder blinder Gehorsam die Folge.
Denken Sie auch daran, daß Ihre eigene Haltung zum Saubermachen, Wickeln und zu den Ausscheidungsprodukten des Kindes die Einstellung des Kindes zu seinem Körper und zu dem, was aus ihm herauskommt, beeinflußt. Es empfindet die Produkte als einen Teil seiner selbst und damit als eine völlig normale Sache!
Zum Abschluß noch eine technische Frage: Toilette oder Töpfchen? Lassen Sie diese Entscheidung von Ihrem Kind treffen. Gewöhnlich ist für dieses Alter das Töpfchen noch praktischer. Möchte Ihr Kind jedoch unbedingt auf die Toilette gehen, dann sollten Sie nachgeben (dafür gibt es Spezial-Kindereinsätze).
Da der Erwachsene in jeder Hinsicht als Vorbild angesehen wird, sind diese Reaktionen normal. Deshalb noch einen Tip für sehr freie Eltern: Schwierigkeiten bei der Sauberkeitserziehung können manchmal schlagartig behoben werden, wenn Sie dem Kind ein oder mehrere Male genau vormachen, wie man's macht!

Erziehungs-schwierigkeiten und Verhaltens-störungen

In diesem Alter ist es sehr schwer, eine genaue Grenze zwischen normalem und unnormalem Verhalten zu ziehen. Nicht jede Unregelmäßigkeit muß gleich eine psychische Störung des Kindes bedeuten. So sind geringer Appetit oder Einschlafschwierigkeiten gegen Ende des zweiten Jahres durchaus keine Seltenheit. Auch motorische Eigenarten kommen vor: Manche Kinder wippen vorübergehend auf Händen und Füßen, rollen den Kopf vor dem Einschlafen unruhig hin und her oder stoßen mit ihm gelegentlich gegen das Bett. Gelegentliche Beschäftigung mit den Genitalien, vermehrtes Einnässen gegen Ende des Jahres oder Daumenlutschen braucht die Eltern nicht zu beunruhigen. Diese Erscheinungen tauchen auf und verschwinden gewöhnlich von selbst wieder, ohne Schäden zu hinterlassen. Erst wenn diese Eigenarten sehr auffällig werden oder längere Zeit in Anspruch nehmen, handelt es sich um Signale dafür, daß das seelische Gleichgewicht des Kindes ernsthaft gestört ist. Eltern sollten dann mit einem Erziehungsberater oder Kinderarzt sprechen. Beide können helfen, die Ursachen zu erforschen, und rechtzeitig eine Therapie einleiten.

Eßstörungen

Ein Kind, das überhaupt nichts mehr (oder fast nichts) essen will, zeigt damit eventuell an, daß seine seelische Problematik bedeutsamer geworden ist als das elementare Bedürfnis, den Hunger zu stillen. Das kann passieren, wenn ihm plötzlich die Liebe vertrauter Personen entzogen wird, wenn ihm Zärtlichkeit fehlt, wenn es stark in seinem Bewegungsdrang eingeengt wird oder wenn in seiner Umgebung Hetze und Spannungen herrschen. Wenn es dann trotzdem widerwillig ißt, erbricht es hinterher häufig die Nahrung. Eßstörungen treten jedoch auch häufig in Familien auf, in denen besonders großer Wert aufs Essen gelegt wird, in denen die Eltern überbesorgt verfolgen, ob ihr Kind gut ißt. Sie benutzen oft jede Gelegenheit, dem Kind etwas in den Mund zu stopfen, womöglich sogar mit Gewalt. Kinderpsychologen haben festgestellt, daß mit der „Überfütterung" von Kindern aus einer Überängstlichkeit der Mütter heraus oft eine geheime Ablehnung des Kindes verbunden ist: Die Mutter beschwichtigt ihr schlechtes Gewissen, indem sie ihr Kind „vollstopft". Nahrungsverweigerung ist also oft ein Protest des Kindes gegen die ihm feindliche Umwelt.

Schlafstörungen

Hierbei muß man unterscheiden zwischen den harmloseren Einschlafstörungen und den anhaltenden Durchschlafstörungen. Zu Beginn des zweiten Jahres sind Angstreaktionen vor dem Schlafengehen so häufig, daß für sie der Begriff „Einjahresangst" geprägt wurde. Das Kind erlebt allmählich bewußt sein eigenes Ich und die Auflösung der Symbiose Mutter–Kind. Besonders in der Dunkelheit, wenn der Blickkontakt mit der Umwelt nicht mehr möglich ist, kann sich dieses Erleben bis zur Angst vor dem Verlassenwerden steigern. Wenn ein Kind vor dem Einschlafen weint und schreit, sollten die Eltern verständnisvoll auf seine Furcht eingehen, z. B. ein gedämpftes Licht brennen lassen und die Tür des Kinderzimmers öffnen, damit es noch eine Weile die vertrauten Stimmen hören kann. Schlaf- oder Beruhigungsmittel sollten jedoch nicht gegeben werden. Hartnäckige Durchschlafstörungen, die keinen organischen Ursprung haben, sind ein Zeichen für eine tiefgehende Beunruhigung des Kindes. Es fühlt sich elementar bedroht, so daß ihm die nötige Entspannung während des Schlafens nicht gelingt. Die Ursache kann nur mit Hilfe eines Kinderpsychologen abgeklärt werden. Als Ursache für Schlafstörungen kommt aber auch zu geringe Müdigkeit des Kindes in Frage. Es braucht zu Beginn des zweiten Lebensjahres ja nur noch 12 bis 14 Stunden Schlaf, gegen Ende des Jahres sogar noch weniger.

Motorische Eigenarten

Manche Kinder werfen ihren Kopf oder den ganzen Körper stundenlang hin und her, wenn sie im Bett liegen, oder schlagen den Kopf sogar heftig gegen die Gitterstäbe. Andere kauen bereits jetzt an ihren Fingernägeln. In seltenen Fällen ist auch Haarausreißen zu beobachten: Büschelweise rupft sich das Kind Haare aus, so daß kahle Stellen sichtbar werden. Solche Verhaltensweisen können zum Teil sehr beunruhigende Formen annehmen. Sie sind der Ausdruck einer starken inneren Spannung, die auf diese Weise ein Ventil sucht.
Harmlos ist die motorische Unruhe, wenn das Kind in seinem Bewegungsdrang eingeschränkt ist: Ein Strampelsack (oder ein Laufstall) ist für fast alle Kinder eine unerträgliche Belastung. In schweren Fällen liegt die Ursache in einer „inneren Beengung“. Ein Kind, das seine spontanen Impulse ständig unterdrücken muß, weil seine Umwelt mißbilligend darauf reagiert oder sie verbietet, versucht auf diese natürliche Weise, den inneren Druck zu vermindern. Das kann sogar dazu führen, daß es sich selbst Schmerzen zufügt.
Ebenso führt der Mangel an liebevoller Zuwendung gelegentlich zu Spannungen, die das Kind durch rhythmische Bewegungen abzuleiten versucht.

Autismus

Damit wird eine extreme Ich-Bezogenheit aufgrund einer tiefgreifenden Kontaktstörung bezeichnet. Solche Kinder nehmen von sich aus keine Beziehungen zu Mitmenschen auf, nicht einmal zu den nächsten Bezugspersonen. Ihre Interessen sind stark eingeengt. Sie wenden sich höchstens noch leblosen Gegenständen zu, mit denen sie sich in stereotyper Weise beschäftigen. Häufig findet man bei solchen Kindern einen nach innen gekehrten Blick, motorische Ungeschicklichkeit sowie geringe Entwicklung des Sprechens und der Intelligenz.
Autismus kann in seltenen Fällen durch Vererbung oder eine frühkindliche Hirnschädigung bedingt sein. Meistens jedoch liegt die Ursache darin, daß das Kind von der Mutter oder Pflegeperson zurückgewiesen oder (z. B. bei langem Heimaufenthalt) vernachlässigt wurde.

Onanie

Wenn ein Kind gelegentlich an seinen Geschlechtsorganen spielt, ist dies noch nicht als Störung anzusehen. Wird es jedoch zu einer Hauptbeschäftigung oder zu einer regelmäßigen Gewohnheit vor dem Einschlafen oder in jeder angstmachenden Situation, muß man sich überlegen, warum das Kind zu dieser Ersatzbefriedigung Zuflucht nimmt. Gewöhnlich tun das Kinder, die emotional stark vernachlässigt werden. Wenn sie schon keine Liebe von außen bekommen, trösten sie sich, indem sie sich selbst anregende und lustvolle Reize bereiten. Solche vernachlässigten Kinder zeigen auch Kontaktstörungen und schwere Spielhemmungen. Gutes Zureden, Ablenkungsmanöver oder gar Strafen nützen hier nichts. Wenn ein Kind Auffälligkeiten zeigt, so ist das der Ausdruck seiner inneren Bedrängnis. Verbietende Maßnahmen machen die Situation nur noch auswegloser.

Fehlentwicklungen

Die beschriebenen Störungen entstehen natürlich nicht, wenn den Eltern zwischendurch einmal ein kleiner Fehler in der Erziehung unterläuft. Bleibende Schäden werden weniger durch einmalige „traumatische Eindrücke" verursacht als durch viele kleine Beeinträchtigungen, die alle in der gleichen Richtung wirken, nach dem Motto „Steter Tropfen höhlt den Stein". Die Folgen werden oft erst nach Jahren sichtbar.
Im zweiten Lebensjahr muß sich ein Kind mit drei großen neuen Bereichen auseinandersetzen: der selbständigen Fortbewegung (Laufen), der Sauberkeitserziehung und der Sprache. In diesen Bereichen ist es jetzt besonders anfällig für schädigende und behindernde Einflüsse, da es sich gewissermaßen noch „in der Ausbildung" befindet.
So begünstigt eine verfrühte und strenge Sauberkeitserziehung die Bildung einer zwangsneurotischen Charakterstruktur. Das heißt: Solche Kinder werden später übertrieben pedantisch und sauber. Sie neigen auch als Erwachsene dazu, sich und ihre Umgebung übermäßig zu kontrollieren und verlieren jegliche Spontaneität. Sie sind von Zweifeln und Schuldgefühlen geplagt. Das kann zu schweren Arbeits- und Kontaktstörungen führen. Autoritätskonflikte und versteckte Aggressionen erschweren ein ungezwungenes soziales Verhalten.
Auswirkungen auf das ganze weitere Leben hat auch eine zu starke Einengung im motorischen Bereich. Es gibt Mütter, die ihre Kinder am liebsten immer im Babystadium halten würden: anschmiegsam und hilflos. Wenn das Kind die ersten selbständigen Schritte macht, reagieren sie mit Angst, weil es sich dann aus ihrer Nähe entfernt. Den Bewegungs- und Forschungsdrang erleben solche Mütter als persönliche Gefahr, ihr Kind zu verlieren, bezeichnen ihre Besorgnis jedoch als Sorge für das Kind. Dadurch wird die Entwicklung des Kindes stark beeinträchtigt: es wird unselbständig, ängstlich, eventuell sogar depressiv.
Im zweiten Lebensjahr liegen auch die Ansätze für spätere Sprachstörungen, z. B. für verschiedene Formen des Stotterns oder für das psychogene Schweigen, den Mutismus. Damit die Sprachentwicklung ungestört verlaufen kann, muß sie möglichst frei von Konflikten bleiben und in einer Atmospäre stattfinden, in der Sprechen Spaß macht.
Ein Kind kann leicht die Lust am Sprechen verlieren, wenn seine Äußerungen und Bitten kein Gehör finden. Es spricht dann nur noch mit bestimmten Personen, oder es verstummt sogar von einem Tag auf den anderen völlig: Es ist nicht der Mühe wert, etwas mitzuteilen!
Bei Kindern, die später stottern, bleibt zwar das Bedürfnis, sich mitzuteilen, erhalten. Aber das Sprechen ist voller Widersprüche: Was darf gesagt werden? Was muß man verschweigen? Was darf man fragen und was nicht? Darf man seine Wut in Worten ausdrücken, oder muß man einiges schlucken? Kommt man selbst zu Wort, und hört auch jemand geduldig zu? Auch Eltern, die im eigenen Redeschwall die anfangs noch unsicheren Sprachäußerungen ihres Kindes ersticken, können es zum Stotterer machen.

Erziehungsaufgaben im zweiten Lebensjahr

Im zweiten Lebensjahr ändert sich die Rolle der Eltern grundlegend. Das Kind ist aufgrund seiner körperlichen und seelischen Entwicklung allmählich in der Lage, sich aus der engen Bindung an die Pflegeperson zu lösen. Es erlebt sich immer bewußter als eigenständiges Individuum. Jetzt kann es schon viele Dinge selbst tun, die es im ersten Jahr den Erwachsenen, vor allem seiner Mutter, überlassen mußte: Es läuft ohne Hilfe, es versucht ohne Hilfe zu essen und kann seine Wünsche und Bedürfnisse deutlicher ausdrücken.
Dadurch gewinnen die Eltern und das Kind neuen Freiheitsraum. Im ersten Jahr mußten sie sich in ihrem Lebensrhythmus dem Baby anpassen, jetzt haben sie wieder mehr Handlungsspielraum. Mit der neuen Freiheit kommen jedoch auch einige neue Aufgaben hinzu. Es genügt nun nicht mehr, daß die Eltern dem Kind Nahrung, Liebe und Wärme geben. Es braucht jetzt außerdem Anleitung, Erklärungen und geduldige „Lehrer", es muß allmählich mit den Normen des menschlichen Zusammenlebens vertraut gemacht werden und die Gegebenheiten unserer Kultur kennenlernen.
Die Erziehung richtet sich nach den Zielen, die die Eltern für ihr Kind anstreben. Deshalb ist es wichtig, sich schon jetzt die Frage zu stellen: „Wohin wollen wir unser Kind führen, welche Eigenschaften und Fähigkeiten sollen wir besonders fördern?" Wenn Sie dabei ehrlich gegen sich selbst sind, werden Sie wahrscheinlich feststellen, daß sich dabei auch teilweise recht egoistische Wünsche einschleichen; das Kind soll so werden wie der Vater oder die Mutter, es soll möglichst lange „unser dankbares, anhängliches Kind" bleiben, es soll Träume verwirklichen, die wir selbst nie realisieren konnten usw. Diese Wunschvorstellungen lassen sich nicht leicht ausschalten. Ausschlaggebend ist, daß man diese Haltung nicht gewaltsam unterdrückt, sondern daß man sich über solche Ansprüche an das Kind klar wird und sie sich eingesteht. Nur so kann man sie auf ein vertretbares Maß reduzieren und eventuell korrigieren.
Hier soll nicht der Versuch gemacht werden, Ihnen bestimmte Zielvorstellungen aufzuzwingen. Eine Beschreibung möglicher Erziehungsziele (und wie man als Erzieher darauf hinarbeiten kann) folgt ausführlich in Elternbuch 3.
Im zweiten Lebensjahr können Sie sich, neben den Anregungen des Entwicklungsprogramms, besonders auf die Bereiche konzentrieren, die sich jetzt in stürmischer Entwicklung befinden, wie Sprache, Motorik, Denken und Selbständigkeit. Auf einige dieser Ziele wird im folgenden noch besonders eingegangen.

Selbständigkeit und Verantwortung

Mit den neuen Möglichkeiten und Fähigkeiten des Kindes wächst seine Selbständigkeit. Für die Mutter ist es jetzt gar nicht einfach, das richtige Maß von Nähe und Distanz zum Kind zu finden. Einerseits ist es noch sehr anhänglich und braucht die Hilfe der Erwachsenen. Andererseits strebt es weg von der versorgenden Mutter-Kind-Einheit. Es möchte viele Dinge selber tun: allein essen, sich allein anziehen, allein Treppen steigen usw. Manche Mütter leiden, wenn sie erleben, daß sich ihr Kind von ihnen lösen möchte.

Zwischen Vater und Mutter fühlt sich ein Kind sicher. Es beobachtet zunächst, wie die Mutter den Stein ins Wasser wirft und wie das Wasser hoch aufspritzt. Kurze Zeit später wagt es dann selbst, den Stein zu werfen.

Sie würden am liebsten noch recht lange das süße, hilflose Baby in ihm sehen. Doch für die Entwicklung der Persönlichkeit ist es von entscheidender Bedeutung, daß die Eltern die Bestrebungen des Kindes nach Selbständigkeit unterstützen. Wenn sie dem Kind jetzt alle Schwierigkeiten abnehmen, bleibt es ungeschickt, hilflos und bequem. Mit der zunehmenden Selbständigkeit bekommt das Kind allmählich auch ein Gefühl der Verantwortung für sein Tun. Je früher es im Rahmen seiner Möglichkeiten Entscheidungen treffen darf, desto besser gewöhnt es sich an Verantwortung. Lassen Sie es also schon jetzt in manchen Bereichen mitbestimmen, z. B. in Essensfragen, bei der Kleiderwahl, später auch bei Ausflugszielen. Die Vorauswahl müssen allerdings noch Sie treffen, das heißt, Sie müssen dem Kind zwei oder drei konkrete Möglichkeiten vorschlagen. Bei allgemeinen Fragen wie „Wohin willst Du spazierengehen?" oder „Was möchtest Du essen?" wäre Ihr Kind noch überfordert.

Bewegungsfreiheit

Der Bewegungsdrang Ihres Kindes wird in diesem Jahr immer größer. Je weniger Sie ihn einschränken, desto besser ist das natürlich für das Kind. Wenn Sie ständig sagen: „Paß doch auf, faß das nicht an!", „Achtung, gleich geht das kaputt!" usw., bekommt Ihr Kind das Gefühl, daß es nur Unheil anrichtet und ungeschickt ist. Es bleibt unsicher und ängstlich in der Erforschung der Umwelt und wird später ein linkisches und ungeschicktes Verhalten zeigen. Aus den gleichen Gründen ist es ungünstig, das Kind in einen Laufstall einzusperren.

Verbote, Kritik und Bestrafung

Einige Verbote lassen sich beim besten Willen nicht vermeiden: solche, die das Kind vor Gefahren schützen. Viele Verbote anderer Art werden jedoch eher aus eigener Bequemlichkeit ausgesprochen als aus Notwendigkeit. Fragen Sie sich gelegentlich, bevor Sie dem Kind spontan etwas verbieten: „Muß das wirklich sein?" Sicher stellen Sie dann manchmal fest, daß Sie auf das Verbot verzichten können. Sie dürfen auch ruhig einmal ein bereits ausgesprochenes Verbot zurücknehmen, wenn Sie bemerken, daß Ihr Kind zu sehr darunter leidet. Warum soll es denn z. B. den Papierkorb nicht einmal ausleeren oder das Zimmer nicht verlassen dürfen? Glauben Sie nicht, daß Sie an Autorität einbüßen, wenn Sie gelegentlich eine Sache durchgehen lassen. Im Gegenteil, es ist sogar positiv, wenn Ihr Kind spürt, daß Sie keine unfehlbare Machtperson sind. Wenn es erlebt, daß „mit Ihnen zu

Was jetzt noch wie ein Scherz aussieht – die Mutter möchte das Stofftier an sich nehmen –, kann sich schnell zum Konflikt ausweiten. Bestehen Sie deshalb nur dann auf Ihren Forderungen, wenn sie notwendig sind.

reden ist", wird es später auch nicht so sehr versuchen, Ihre Nachgiebigkeit mit Trotzreaktionen zu erzwingen.
Bestrafungen haben nicht die erwünschte Wirkung. Häufig versteht das Kind nicht einmal den Grund. Es fühlt sich verunsichert und entwickelt Trotz. Verhindern Sie lieber, daß das Kind etwas ernsthaft Verbotenes tut, indem Sie es von seiner beabsichtigten Handlung ablenken oder es für eine andere Sache interessieren.
Ist ein Mißgeschick doch geschehen, so kritisieren Sie nicht die gesamte Person des Kindes durch Bemerkungen wie „Du böses Kind, wie ungeschickt Du bist!" oder „Mama hat Dich nicht mehr lieb". Ihre Kritik soll sich nur auf die Sache beziehen: „Schau, jetzt ist das schöne Glas kaputt. Schade!" Wenn das Kind etwa eineinhalb Jahre alt ist, können Sie mit ruhiger, vernünftiger Argumentation bereits mehr erreichen als mit erregtem Schimpfen oder gar körperlicher Bestrafung. Sie wollen ja nicht, daß Ihr Kind auch später bestimmte Dinge nur unterläßt, weil es sich vor Strafe fürchtet, sondern weil es von sich aus einsieht, daß seine Handlung nicht sinnvoll ist.

Anerkennung und Lob

Wenn Sie möchten, daß Ihr Kind ein bestimmtes Verhalten öfter zeigt, brauchen Sie es dafür nur zu loben. Aber auch hier gilt wieder die Regel: Loben Sie dabei nicht die Gesamtperson mit Bemerkungen wie „Du bist ein so gutes und liebes Kind." Besser ist es, wenn sich Ihr Lob nur auf die Handlung bezieht: „Das hast Du gut gemacht!" Denn das ständig als „lieb, gut, brav" bezeichnete Kind wird sicher eines Tages beweisen wollen, daß es absolut nicht nur so eingestuft werden möchte. Vielleicht macht es dann gerade etwas Verbotenes, um zu zeigen, daß es nicht immer lieb sein kann.

Die Eltern als Vorbild

Selbst die besten Erziehungsmethoden bewirken wenig bei einem Kind, wenn sie nicht im Einklang mit dem elterlichen Vorbild stehen. In diesem Alter ist die Nachahmung der Bezugsperson, das „Lernen am Modell", die wichtigste Quelle der Verhaltensprägung. Nicht nur äußere Verhaltensweisen werden übernommen, sondern auch Dinge, die den Eltern gar nicht bewußt sind: ihre Einstellung zu bestimmten Situationen und Problemen, ihre unausgesprochenen Wünsche und Vorstellungen. Man weiß heute, daß viele Eigenschaften eines Menschen, die früher auf Vererbung zurückgeführt wurden, in Wirklichkeit durch „Modell-Lernen" entstehen. So werden viele Bewegungsformen und Charaktereigenschaften, ja sogar neurotische Symptome von einer Generation an die nächste weitergegeben. Nun muß aber das Verhalten des Kindes nicht immer das direkte Abbild des elterlichen Verhaltens sein. Es kann sich auch genau entgegengesetzt entwickeln. Häufig läßt sich dann feststellen, daß das Kind gerade jene Phantasien und Wünsche auslebt, die seine Eltern als bedrohlich empfinden und folglich aus ihrem eigenen Verhalten sorgfältig ausklammern. Oft reagieren Kinder auch aus Trotz und Ablehnung des elterlichen Verhaltens in entgegengesetzter Weise. Die Frage „Ich weiß gar nicht, woher das Kind das eigentlich hat?" findet also bei einem Kind in diesem Alter immer ihre Antwort im Verhalten der Personen seiner engsten Umgebung.
Aber nicht nur das Verhalten einzelner Menschen, der Eltern, dient dem Kind als Modell, sondern auch die Beziehung zwischen den Eltern. Ihr Vorbild prägt das soziale Verhalten und die späteren Partnerschaftsbeziehungen des Kindes.
Enid Balint schreibt dazu: „Die Qualität der Objektbeziehungen zwischen Mutter und Vater, wie sie vom Kind gesehen und

gefühlt wird, d. h. der Grad ihrer Fähigkeit, den Eindruck gegenseitiger Fürsorge, Rücksichtnahme und Fairneß zu vermitteln, ist ein wichtigeres Introjekt (hier: Übernahme und Verinnerlichung der erlebten Elternbeziehung, Anm. d. Verf.) als die Funktion jedes Elternteils für sich genommen." (Psyche 27 [1973], S. 123)

Die Rolle des Mannes in der Familie

Selbstverständlich ist es nicht allein die Aufgabe der Mutter, sich um die Erziehung des Kindes zu kümmern. Kinder brauchen ihren Vater vom ersten Lebenstag an! Wenn sie ständig nur eine Person (die Mutter) als Betreuer und Vorbild haben, können sich einseitige Verhaltensformen entwickeln. Flexibilität und die Erkenntnis, daß man eine Sache auf verschiedene Weisen machen kann, werden erst durch das Zusehen bei einer zweiten Bezugsperson gewährleistet. (Später kommen dann noch weitere hinzu.)
Die Aufgaben des Vaters beschränken sich nicht nur darauf, daß er sich am Wochenende liebevoll mit seinem Kind beschäftigt und mit ihm spielt. Er sollte möglichst auch einen Teil der Pflege übernehmen (Wickeln, Füttern), nach Möglichkeit sogar irgend etwas regelmäßig tun.

Sexualerziehung

Bei der Formung von Charakter und Verhalten werden sogenannte „männliche" und „weibliche" Eigenschaften entscheidend von der Erziehung und Tradition beeinflußt. Frauen wird nachgesagt, sie seien passiver und anlehnungsbedürftiger als Männer und würden eher gefühlsmäßig als verstandesmäßig handeln. Von Männern dagegen werden im allgemeinen Aktivität, die Rolle des Beschützers und vernunftbetontes Handeln erwartet. So unterbindet man z. B. beim männlichen Kind schon sehr früh viele emotionale Verhaltensweisen mit der Begründung, sie seien „weichlich" und „unmännlich". Das führt zu einer Einschränkung des Gefühlsbereichs und zur einseitigen Betonung der Leistungsfähigkeit.
Besser ist: Jungen und Mädchen bekommen das gleiche Spielzeug, das gleiche Maß an Zärtlichkeit, die gleiche Unterstützung ihrer Interessen, keine Verstärkung sogenannter „männlicher" oder „weiblicher" Eigenschaften. In den nächsten Jahren erfolgt die Übernahme der Geschlechtsrolle überwiegend nach dem Vorbild der Eltern und dem, was die Eltern von den Normen der Gesellschaft vermitteln, in die das Kind mehr und mehr hineinwächst.
Gegen Ende des zweiten Lebensjahres können sich im Gespräch bereits Fragen Ihres Kindes mit sexueller Thematik ergeben. Beantworten Sie solche Fragen klar und ehrlich. Stellen Sie sich ganz auf das Kind ein: Wenn Sie das Gefühl haben, daß Sie seine Frage gut beantwortet haben und es schon wieder an etwas anderes denkt, beenden Sie Ihre Erklärung.
Die ersten Informationen können Sie etwa so formulieren: „Die Babys wachsen in der Mutter. Zuerst sind sie sehr klein, dann werden sie immer größer. Darum hat die Mutter einen so dicken Bauch. Wenn das Baby groß genug ist, kommt es durch die Scheide heraus."
Um den Unterschied zwischen Jungen und Mädchen zu erklären, sagen Sie nicht einfach: „Das Mädchen hat keinen Penis." Versuchen Sie dem Kind zu verdeutlichen, daß das, was beim Jungen außen ist, beim Mädchen im Körper liegt.
Tadeln Sie Ihr Kind nicht, wenn es sich mit seinen Genitalien beschäftigt und dabei Lustgefühle erlebt. Es bildet da keine Ausnahme. Verbieten Sie es ihm auch nicht. Das würde zu unsinnigen Schuld- und Angstgefühlen führen. Äußern Sie

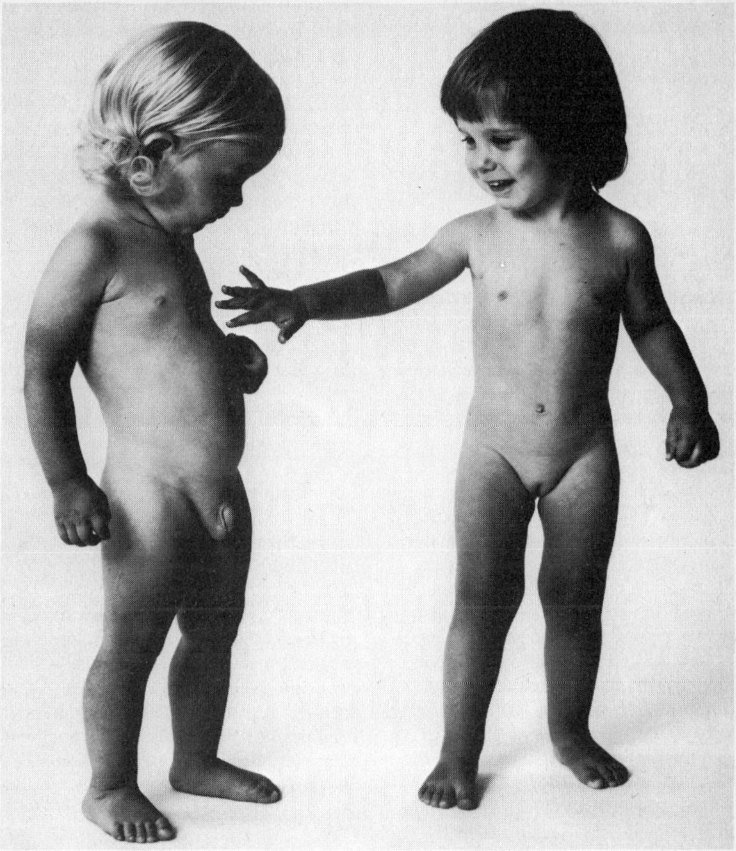

Schon früh sollten Kinder beiderlei Geschlechts einander nackt ansehen und betasten. So ist der erste Schritt für eine spätere spannungsfreie Partnerschaft vollzogen.

sich nicht weiter dazu, sondern bieten Sie Ihrem Kind lieber eine andere Unterhaltung an. Und fördern Sie Zärtlichkeiten, die sich auf alle Körperbereiche beziehen; körperliche Lustempfindungen beschränken sich ja nicht nur auf den Genitalbereich. (Falls Ihr Kind übermäßig viel onaniert, lesen Sie S. 40f.)

Kinder unter sich – gegeneinander und miteinander

Jetzt werden andere Kinder interessant

Im ersten Lebensjahr stand die enge Bindung an die Mutter und wenige vertraute Erwachsene im Vordergrund des kindlichen Erlebens. Sie befriedigte vollkommen sein Bedürfnis nach sozialem Kontakt. Etwa vom 4. Monat an lächelte es aber auch bereits andere Säuglinge an, im 6. Monat begannen die ersten freundlichen Annäherungsversuche zu anderen Babys: Es schaute sie an, streckte die Hände nach ihnen aus und betastete sie. Um den ersten Geburtstag herum kann man ein erstes kurzes Zusammenspielen zwischen Gleichaltrigen beobachten. Sie ahmen sich im Verhalten und in der Stimme nach, sie teilen sich vielleicht sogar spontan ein Spielzeug. Hier liegt der Beginn des sozialen Miteinanders von Kindern.

Allerdings wird aus einem Miteinander auch schnell ein Gegeneinander. Es kommt zu Tränen und Wutausbrüchen, wenn ein Kind dem anderen das Spielzeug wegnimmt. Oder die Kinder untersuchen sich neugierig und zerren sich unsanft an Kleidern und Haaren oder greifen sich zu heftig ins Gesicht. Noch das eineinhalbjährige Kind ist so sehr mit seinen eigenen Handlungen beschäftigt, daß es (unbeabsichtigt) gegen das andere läuft und es umstößt.

Aus diesen Gründen denken viele Erwachsene, daß ein Kind dieses Alters noch keine gleichaltrigen Spielgefährten brauche. In Wirklichkeit empfindet es trotz der Streitereien die Anwesenheit eines anderen Kindes als angenehm. Es übernimmt Anregungen, ist fröhlich und interessiert bei der Sache, auch wenn es zwischendurch mal zu kleinen Zusammenstößen kommt.

In den folgenden Monaten nimmt der Streit um das Spielzeug ab. Das Interesse verschiebt sich mehr auf den Spielkameraden. Spielzeug ist nun häufig ein Mittel, um Beziehungen zu einem anderen Kind anzuknüpfen. Die gemeinsamen Spiele dauern länger, die Kinder passen sich dabei schon einander an. Das Zweijährige geht von sich aus zu spielenden Kindergruppen oder schaut ihnen versunken zu. Ein gemeinsames Spiel mit der ganzen Gruppe ist allerdings noch nicht möglich. Die Kinder beschäftigen sich hauptsächlich nebeneinander oder wechseln von einem Spielpartner zum anderen. Es genügt also, wenn Ihr Kind jetzt ein oder zwei bevorzugte Spielfreunde hat.

Auch jetzt gibt es noch häufig kurze, aber heftige Auseinandersetzungen. Die Kinder nehmen sich gegenseitig die Spielsachen weg, um ihre eigene Überlegenheit zu erleben. Häufig ist das auch ein Rivalisieren um die Aufmerksamkeit des Erwachsenen, die jeder eifersüchtig auf sich ziehen möchte.

Ein Kind möchte das, was es sieht, haben und damit spielen, besonders wenn ein anderes Kind sich damit beschäftigt. Wenn Sie für jedes Kind die gleichen Spielsachen bereithalten, entfällt häufig ein Anlaß für Streitereien und Wutausbrüche.

Was tun, wenn Kinder raufen?

Häufige Streitereien zwischen Kindern bedeuten nicht, daß sie sich nicht leiden können. Unmittelbar danach ist der Streit vergessen, und sie sind wieder „ein Herz und eine Seele".
Da Auseinandersetzungen in diesem Alter ungehemmt körperlich ausgetragen werden, sollten Sie die Kinder immer ein wenig im Auge behalten, um ernstere Verletzungen zu verhindern. So können Sie auch vermittelnd eingreifen, wenn das schwächere Kind ständig unterliegt. Behandeln Sie die Kampfhähne möglichst unparteiisch, aber seien Sie auch nicht zu streng mit Ihrem eigenen Kind, weil Sie es keinesfalls bevorzugen wollen. Es muß sich jederzeit zu Ihnen flüchten können und Schutz vor Angriffen finden. Bei Ihnen holt es sich die Sicherheit zu neuen Kontaktversuchen und neuen Auseinandersetzungen.
Diese „Machtproben" sind nötig und sinnvoll. Die Kinder lernen dabei, ihre Fähigkeiten einzuschätzen und zu vergleichen. Erwarten Sie nicht, daß Ihr Kind jetzt schon großzügig teilen kann. Es will alles selbst besitzen, hergeben wird noch als verlieren erlebt. Gibt ein Kind dennoch freiwillig etwas ab, läßt das darauf schließen, daß es reichlich Spielsachen besitzt und auch sonst nicht zu kurz kommt.
Ein Teil der Auseinandersetzungen kann vermieden werden, wenn Sie für die beiden Kinder die gleichen Spielsachen bereithalten.
Mit zwei Jahren zeigt ein Kind bereits ausgeprägte Vorlieben für bestimmte Spielkameraden. Sie haben einen großen Einfluß auf sein Verhalten, da es unterschiedslos alles nachahmt. Es übernimmt die übermäßig zerstörerischen Verhaltensweisen des einen Kindes ebenso wie die positiven Eigenschaften eines anderen. Nicht jedes gleichaltrige Kind ist also ein geeigneter Spielgefährte.

Die Bedeutung eines gleichaltrigen Spielfreundes

- Für das Einzelkind:

Wenn Sie möchten, daß Ihr Kind soziale Einstellungen erwirbt und akzeptiert wird, weil es der Gruppe angemessene Verhaltensweisen zeigt, geben Sie ihm schon früh Gelegenheit zu verschiedenartigen Kontakten. Die Beziehung zu Erwachsenen übt andere soziale Verhaltensweisen als der Umgang mit einem gleichaltrigen Kind. Der Erwachsene stellt sich auf das Kind ein, leitet es an und lenkt es durch Lob und Zuwendung. Aber das Kind kann sich nicht direkt mit ihm vergleichen. Seine Selbsteinschätzung erfolgt indirekt über die Bewertung durch den Erwachsenen.
Das gemeinsame Handeln mit Kindern, die ihm ja entwicklungsmäßig näherstehen, ermöglicht deshalb auf die Dauer eine realistischere Einschätzung der eigenen Fähigkeiten. Dadurch wird schon jetzt die Bildung eigener Wertmaßstäbe vorbereitet, die es später unabhängiger von dem Urteil von Autoritätspersonen machen. Selbständigkeit und Selbstvertrauen nehmen zu. Gleichzeitig bildet sich sein Gefühl für Gerechtigkeit. Sich auf andere einzustellen, sich anzupassen und zu teilen, lernt es am besten mit gleichaltrigen Partnern.

- Für Kinder mit Geschwistern:

Selbst wenn das Kind Geschwister hat, können diese den gleichaltrigen Spielkameraden nicht ersetzen. Ein jüngerer Bruder (eine jüngere Schwester) ist zum Spielen ohnehin noch viel zu klein. Mit einem älteren Kind spielt es zwar gerne und übernimmt dessen reifere Verhaltensweisen, es gewinnt so wahrscheinlich sogar einen Entwicklungsvorsprung. Für das ältere Geschwister könnte sich der ausschließliche Umgang mit dem kleineren Kind jedoch entwicklungshemmend auswirken, wenn es zu wenig altersgemäße

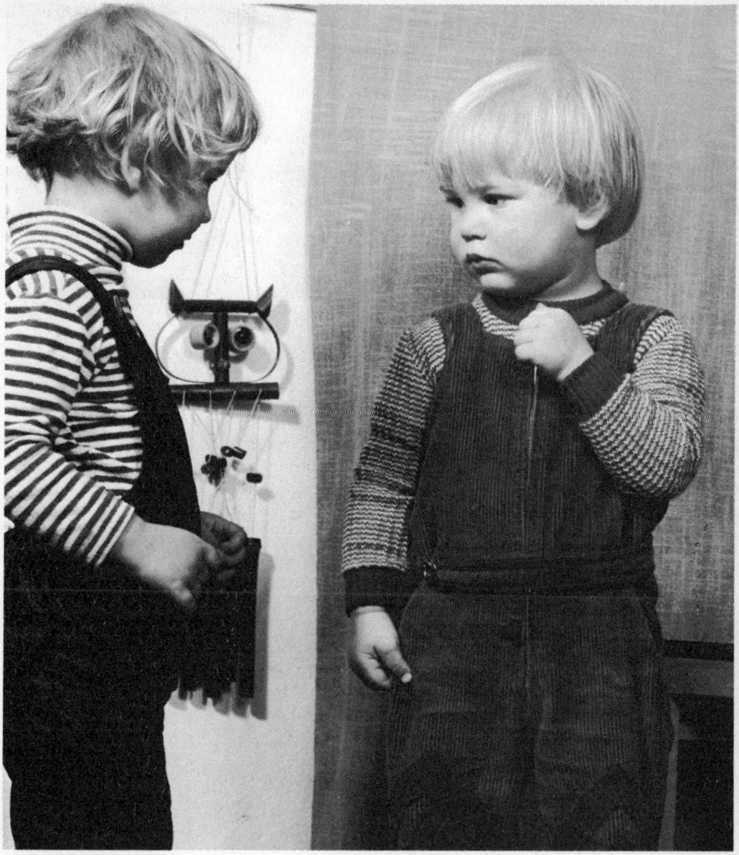

Auch nach längerer Bekanntschaft betrachten sich Kinder gelegentlich versonnen, entdecken dabei neue Züge am anderen und bemerken gleichzeitig immer deutlicher die eigene Individualität.

Entfaltungsmöglichkeiten hat. Eine weitere Gefahr liegt in der einseitigen Rollenfestlegung. Das ältere Kind (bei Geschwistern) soll immer Rücksicht nehmen, vernünftig und überlegen sein, das jüngere erlebt möglicherweise ständig kleine Niederlagen, weil es die Leistungen des älteren nicht erreichen kann. Natürlich dürfen Geschwister miteinander spielen – aber jedes von ihnen soll auch häufig Kontakt mit seinen Altersgenossen haben. So er-

Thomas hat mehrere Geschwister, und er hat von ihnen schon viele Auskünfte bekommen. Deshalb fällt es ihm leicht, fremde Kinder anzusprechen.

lebt jedes Kind, daß es nicht nur eine bestimmte Rolle in der Familie hat, sondern daß es eine eigenständige Persönlichkeit ist. Das Spielen mit Freunden ist gleichzeitig das beste Mittel, Konflikten und Spannungen vorzubeugen, die durch das häufige Zusammensein von Geschwistern unweigerlich entstehen. Es ist erstaunlich, wie gut sich Geschwister vertragen, wenn sie nicht miteinander spielen „müssen".

- Für Zwillinge:

Zwillinge können sich stundenlang miteinander beschäftigen. Sie verstehen sich so gut, daß sie auch später oft kein Bedürfnis nach Kontakt mit anderen haben. Eltern sollten aber nicht glauben, daß ihre Zwillinge „genug aneinander haben". Im Gegenteil! Sie brauchen unbedingt auch Freundschaften mit anderen Kindern. Sonst bilden sie einen geschlossenen Kreis und nehmen nur wenige Anregungen von außen auf. Das führt dann dazu, daß sie trotz guter intellektueller Voraussetzungen in vielen Bereichen hinter Gleichaltrigen zurückbleiben (→ S. 29).

Einzelkind

Die meisten Eltern sind der Ansicht, ein Kind brauche Geschwister. Einzelkinder würden zwangsläufig verwöhnt, egoistisch und lebensuntüchtig. Neuere Untersuchungen haben gezeigt, daß diese Meinung falsch ist. Einzelkinder haben sogar (richtige Erziehung vorausgesetzt) sehr gute Entwicklungsmöglichkeiten. Sie besitzen im Durchschnitt eine bessere körperliche und psychische Verfassung als Geschwister: sie sind weniger ängstlich, können sich leicht anpassen, zeigen auf allen Gebieten höhere Leistungen und lassen sich nicht unterdrücken. Ähnlich positiv schneiden übrigens auch Erstgeborene mit einem relativ großen Altersabstand zu den nachfolgenden Geschwistern ab. Das läßt sich durch die intensive Förderung und ungeteilte Zuwendung durch die Eltern oder Erzieher, besonders in den ersten Lebensjahren, erklären. Starke Verwöhnung, Isolierung von anderen Kindern und zu hohe Erwartungen der Eltern können sich aber auch ungünstig auf das Einzelkind auswirken, da ihm Vergleichs- und Korrekturmöglichkeiten fehlen (wie auch den Eltern). Ein so erzogenes Kind bleibt dann unselbständig, ängstlich und neigt zu altklugem oder clownhaftem Auftreten.

Geschwister

Kinder, die unter Geschwistern aufwachsen, erleben sich je nach ihrer Stellung innerhalb der Geschwisterreihe verschieden. Bei geschicktem Verhalten der Eltern finden diese Kinder leichter zu einer sozialen Haltung als Einzelkinder. Sie beziehen aus der Gruppe einen starken Rückhalt und ein ausgeprägtes „Wir-Gefühl". Sie entwickeln dann einen starken Sinn für Gerechtigkeit, lernen aber auch, die Menschen in ihren verschiedenen Fähigkeiten zu respektieren. Daher fällt es ihnen leichter als Einzelkindern, ungleiche Behandlung (wie sie überall in unserer sozialen Wirklichkeit anzutreffen ist) ohne allzu starke Frustrationen zu verarbeiten. Dieser Vorteil ist bei gegengeschlechtlichen Geschwistern besonders groß.

Stellung in der Geschwisterreihe

Es läßt sich also nicht eindeutig beantworten, ob es für ein Kind besser ist, unter Geschwistern aufzuwachsen oder die ungeteilte Aufmerksamkeit und Liebe der Eltern zu besitzen. Jede Situation bringt sowohl Vorteile als auch Schwierigkeiten. Die Eltern können hier ausgleichend viel erreichen.

Das gilt auch für die Stellung innerhalb der Geschwisterreihe. Es liegt überwiegend an den Eltern, wie ein Kind die Rolle des älteren oder jüngeren Bruders bzw. der älteren oder jüngeren Schwester erlebt und verarbeitet.

Je mehr Kinder in der Familie sind, desto sicherer fühlen sich das älteste und das jüngste Kind. Ihre Rollen sind genau definiert und werden ihnen von niemandem streitig gemacht.

Die „mittleren" Kinder dagegen haben häufig Schwierigkeiten, die mit der Anzahl der Kinder steigen, da sie sowohl mit dem älteren wie auch mit dem jüngeren Rivalitätskonflikte austragen müssen. Die Gefahr, daß das „Nesthäkchen" bevorzugt wird, ist bei diesen Familien größer als bei der Zwei-Kind-Familie. Dadurch fällt es ihm später schwer, die notwendigen Pflichten zu akzeptieren und zu erfüllen. Die Älteren reagieren dann ihre Eifersucht untereinander ab, nicht jedoch an dem Jüngsten.

Der Einfluß des elterlichen Verhaltens

Die meisten Eltern sind der Meinung, daß sie alle Kinder gleich gern haben und auch alle gleich behandeln. Würden sie sich ganz genau beobachten, so könnten sie jedoch erkennen, daß sie bei dem einen Kind strenger, bei dem anderen nachsichtiger vorgehen, daß ein Kind der Liebling der Mutter, das andere der des Vaters ist. Die Kinder spüren natürlich die ungleiche

Behandlung und reagieren mit bestimmten Verhaltensweisen darauf. Dann heißt es, das sei eben seine besondere „Charaktereigenschaft"! Um allen Kindern gleichmäßig gerecht zu werden, brauchen Eltern also ein waches Einfühlungsvermögen und Verständnis. Sie müssen die bestimmten Positionen innerhalb der Geschwisterreihe berücksichtigen und sich in die spezielle Lage jedes Kindes einzufühlen versuchen. Wenn sie gezielt für jedes Kind besondere Wünsche erfüllen, kann eine gelegentliche Bevorzugung des einen oder anderen Kindes gut ausgeglichen werden.

- Das älteste Kind:

Nur selten wird es das nachkommende Kind problemlos aufnehmen. Es muß jetzt plötzlich die Liebe der Eltern mit einem Bruder oder einer Schwester teilen, die Mutter kann ihm außerdem nicht mehr soviel Zeit widmen. Es ist also verständlich, daß das Kind auf diese „Entthronung" eifersüchtig und vielleicht sogar aggressiv reagiert. Diese Eifersucht kann man nicht nur mit Worten bekämpfen. Es genügt auch nicht, daß der Vater sich nun intensiver um das älteste Kind kümmert, weil es sich sonst von der Mutter abgeschoben fühlt. Appelle an Einsicht und Vernunft nützen wenig – sogar Erwachsene haben es in Gefühlsdingen oft schwer, „vernünftig" zu handeln.
Was sollten Sie also tun? Lassen Sie Ihrem Kind Zeit, sich an den Neuankömmling zu gewöhnen. Bestätigen Sie es von nun an besonders stark in seinen Fähigkeiten, die es aufgrund seines Altersvorsprungs bereits erworben hat, loben Sie es noch ein bißchen mehr! Verlangen Sie aber nicht durchgehend eine „reife", „vernünftige", „gehorsame" Haltung, und machen Sie es nicht zum „Babysitter" für das kleinere Kind. Geben Sie ihm viele altersgemäße Betätigungs- und Entfaltungsmöglichkeiten. Es darf z. B. mit anderen Kindern spielen, seine Freunde mit nach Hause bringen usw. Mit dem jüngeren Kind braucht es nur dann zu spielen, wenn es Lust dazu hat. Keinesfalls soll es gezwungen werden, sein Spielzeug an das Jüngere abzugeben.
Bei einem Altersunterschied von zwei bis vier Jahren sind übrigens Konkurrenz und Eifersucht am stärksten ausgeprägt.

- Das jüngste Kind:

Es wird später meist kontaktfreudig, heiter und selbstsicher sein. Wenn es zu sehr verwöhnt wird, neigt es dazu, immer kindlich zu bleiben und Scheu vor Verantwortung und Eigeninitiative zu haben. Bitten Sie auch Ihre Umgebung darum, das Nesthäkchen nicht zu sehr zu verwöhnen und bei ihm alles niedlich zu finden (auch die Unarten!). Schützen Sie es jedoch vor der Herabsetzung durch die älteren Geschwister. Wenn es sich immer unterlegen fühlen muß, kann es keine Selbstsicherheit entwickeln. Es überdeckt seine Minderwertigkeitsgefühle dann später vielleicht mit Prahlerei und leichtsinnigen Handlungen. Ermöglichen Sie ihm viel Kontakt mit gleichaltrigen Freunden.

- Das mittlere Kind:

Aufgrund seiner Mittelstellung kann es keine besonderen Vorteile aus seiner Rolle beziehen. Es ist weder das überlegene ältere Kind noch das „süße" jüngste. Deshalb sollten Sie es besonders beachten. Vielleicht können Sie eine spezielle Begabung bei ihm entdecken, die gefördert wird und ihm Lob und Anerkennung bringt. Das hebt sein Selbstwertgefühl und verleiht ihm nun doch eine besondere Rolle. So vermeiden Sie auch, daß es ständig nach beiden Seiten hin rivalisiert und seine Rolle ständig wechseln muß.

Was Spielen für das Kind bedeutet

Spielen wird im allgemeinen als eine Tätigkeit angesehen, die nur aus Freude am Tätigsein selbst geschieht und keinen praktischen Nutzen hat. Man spielt, weil es Spaß macht oder um sich zu erholen. Für Erwachsene mag diese Auffassung zutreffen, aber für Kinder, und vor allem für Kleinkinder, ist Spielen etwas ganz anderes. Das läßt sich leicht erkennen, wenn man ein Kind beim Spiel beobachtet: Es ist mit seiner ganzen Person bei der Sache und strengt sich oft bis zur Ermüdung an. Wenn etwas gar nicht gelingen will, versteht es keinen Spaß, sondern wird zornig und bricht vielleicht sogar in Tränen aus. Mit anderen Worten: Was in unseren Augen wie Spiel erscheint, ist für das Kind eine wichtige und ernsthafte Tätigkeit, bei der es all seine Fähigkeiten und sein Können einsetzt.

Spiel und Entwicklung

Im Spiel setzt sich das Kind mit der Umwelt auseinander und erwirbt ständig neue Kenntnisse. Es kann seine Eindrücke noch nicht durch stilles Nachdenken und Zuschauen verarbeiten, sondern es muß selber handeln. Nur so „begreift" es, welche Möglichkeiten in ihm selbst und in den Dingen stecken. Jeder Widerstand wird dabei als Anreiz erlebt, den es zu überwinden gilt, und zugleich schiebt das Kind damit die Grenzen des Möglichen immer weiter hinaus. So entwickelt es im Spiel ununterbrochen seine körperlichen und geistigen Fähigkeiten. Hier liegen auch schon die Ansätze zur Bildung von Ausdauer, Konzentration und der Bereitschaft, sich anzustrengen, diesen wichtigen Voraussetzungen für die befriedigende Bewältigung der späteren Aufgaben in der Schule, im Beruf und in der gesamten Lebensgestaltung.

Ein Kind erfährt die Wirklichkeit, indem es sie im Spiel aktiv umgestaltet. Es wirkt auf seine Umwelt ein, verändert sie und macht sie sich immer wieder interessant. Das befriedigt seine Neugier und erfüllt es gleichzeitig mit Freude und Selbstvertrauen.

Wenn es merkt, daß es mit einer Sache bei aller Anstrengung doch nicht fertig wird, verändert es oft das Spiel, denn es wird ja keine bestimmte Leistung von ihm erwartet. (Wenn ein schmaler Turm immer wieder umfällt, dann baut es eben einen breiteren.) Dadurch, daß es sich seine Ziele jeweils selbst setzt, vermeidet es größtenteils negative Erfahrungen wie Hilflosigkeit und Enttäuschung.

Eine andere wichtige Bedeutung des Spielens liegt darin, daß das Kind seine eigenen Empfindungsmöglichkeiten dabei erweitert und Verständnis für die Gefühle anderer Menschen entwickelt. Wenn es seine Puppe füttert, vollzieht es nicht nur die äußeren Handlungen nach, die es von seiner Mutter her kennt, sondern tut dies auch mit genausoviel Liebe. Beim gemeinsamen Spielen mit anderen Kindern oder mit Erwachsenen lernt es darüber hinaus zu geben und zu nehmen, sich einzufügen und anzupassen. Auf diese Weise werden sein soziales Verhalten und die Entwicklung seiner Gefühlswelt geprägt.

Das Spiel ist für das Kind auch eine Möglichkeit, seine Probleme und Nöte zu bewältigen. Fühlt es sich klein und schwach, kann es im Spiel groß und erwachsen sein. Wurde ihm ein inniger Wunsch abgeschla-

gen, so kann es sich ihn hier erfüllen. Bei starken Konflikten wird es im Spiel nach Lösungsmöglichkeiten suchen. (Bei der Behandlung von kindlichen Verhaltensstörungen benützt man das Spiel deshalb auch als Heilmittel, mit dessen Hilfe ein Kind seine unbewältigten Probleme verarbeiten kann, in der Spieltherapie.)

Eltern sind nicht nur die ersten Lehrer ihres Kindes, sondern auch die besten Spielgefährten. Es bekommt von ihnen Anregungen und neue Spielimpulse, die es in seine eigene Aktivität aufnimmt.

Die Eltern als Mitspieler und Spiellehrer

Häufig fühlen sich Eltern unsicher und wissen nicht, wie sie sich beim Spiel verhalten sollen: Ist es besser, ein Kind beim Spielen nicht zu stören, oder soll man sich lieber dazusetzen und mit ihm spielen? Sie befürchten, daß sie ihr Kind vielleicht verwöhnen oder es abhängig von sich machen. Diese Angst ist unbegründet. Im Gegenteil, ohne Unterstützung und Anleitung durch Erzieher kann ein Kind gar nicht richtig spielen lernen. Das Spiel hat zwei sich ergänzende Seiten: In ihm drückt sich die spontane Aktivität des Kindes aus, die aber von den Erwachsenen gelenkt werden muß.
Im Spiel spiegelt das Kind seine Umwelt wider. Was es nicht erlebt, kann es also nicht nachahmen oder nachgestalten. Ein Spiel bleibt aber auch nur so lange interessant, wie sich neue Varianten daran entdecken lassen. Wenn alle Möglichkeiten erschöpft sind, wird das Spiel einförmig

und erweitert nicht mehr den Erfahrungsschatz. Nun braucht das Kind eine kleine Anregung: ein anderes Spielzeug oder eine neue aufregende Erfahrung (z. B. eine Busfahrt, ein Spiel im Freien). Dies bildet dann wieder Stoff für ein neues Spiel. Es müssen also immer neue Impulse gesetzt werden, um das Spiel in Gang zu halten. Die Eltern können das tun, indem sie dem Kind neue Erlebnismöglichkeiten geben, ihm geeignete Spielsachen besorgen und ihm zeigen, was man alles damit anfangen kann, indem sie mitspielen, loben und damit die kindlichen Tätigkeiten verstärken. Früher war es nicht notwendig, daß die Eltern in diesem Maß für Anregungen sorgten. Die Kinder hatten viel mehr Gelegenheiten, selbständig Eindrücke zu sammeln. Die Familien waren größer, der Arbeitsplatz des Vaters befand sich oft in unmittelbarer Nähe der Wohnung, der Kontakt zur Natur und zu den Tieren war enger. Heute wachsen die meisten Kinder zwischen Häuserblocks auf und sind darauf angewiesen, daß ihre Eltern bewußt Anregungen geben.
Lenkung und Anleitung heißt aber natürlich nicht, dem Kind Vorschriften beim Spielen zu machen, Spielzeiten zu diktieren und bestimmte Leistungen zu erwarten. Es heißt auch nicht, es mit Spielzeug zu überschütten. Es soll vielmehr heißen, den Anreiz zu einem spontanen, phantasiereichen Spiel zu schaffen und günstige Bedingungen herzustellen, unter denen es sich entwickeln kann.

Spielen und Lernen

Spielen und Lernen sind keine Gegensätze. Man kann „spielend lernen". Denn jede Verhaltensänderung, die durch Erfahrung bewirkt wird, ist ein Lernen. Dabei spielt es keine Rolle, ob diese Erfahrungen unbeabsichtigt im Spiel gewonnen werden oder ob sie das Ergebnis systematischer Beeinflussung, z. B. durch die Schule, sind. Die Bedingungen, unter denen beide erfolgreich sein können, sind ähnlich: Es gelingt am besten, wenn das Kind Spaß und Interesse an der Sache hat. Es darf also nicht langweilig sein und auch nicht zu schwierig. Einerseits müssen immer neue Anreize von außen geschaffen werden, andererseits soll kein zu starker Druck auf das Kind ausgeübt werden. Gerade Kreativität, also schöpferisches Verhalten, ist in entspannten, spielähnlichen Situationen am besten zu fördern.
In seinen ersten Lebensjahren lernt das Kind alles „spielend", nämlich im Spiel. Das spätere planvolle und gezielte Lernen in der Schule baut darauf auf. Gerade diese Möglichkeit, sich lange Zeit außerhalb der strengen Regeln und Anforderungen der Zweckmäßigkeit und des Leistungsprinzips bewegen zu dürfen, ist eine günstige Voraussetzung für ein hohes Niveau des Wissens und Verhaltens. Kinder, die schon sehr früh für ihren Lebensunterhalt sorgen müssen, können nur sehr eingeschränkte Erfahrungen sammeln, weil sie zu wenig Zeit zum Spielen haben.

Die beliebtesten Spiele

Nachahmungsspiele

Ihr Kind beobachtet ganz genau die Tätigkeiten, die Sie im Verlauf des Tages ausüben. Und alles, was Sie tun, findet es so aufregend, daß es die Sache selber ausprobieren möchte: Es wischt den Tisch ab, es möchte auch mit Schaufel und Besen hantieren, es möchte beim Kochen mithelfen, die Waschmaschine oder den Herd in Betrieb setzen, das Telefon oder die Schreibmaschine benützen, den Fernsehapparat einschalten oder mit dem Schlüssel die Wohnungstür aufschließen. Manchmal werden Sie überrascht davon sein, was Ihr Kind „nachahmt", weil Sie gar nicht damit rechneten, daß es Sie bei dieser für Sie selbst völlig belanglosen Tätigkeit beobachtet hatte.
Es hätte sehr ungünstige Folgen, wenn man dieses Lernen durch Nachahmung bzw. eigenes Ausprobieren zu stark behinderte. Aus Bequemlichkeit und Ungeduld drückt man dem Kind oft rasch ein Spielzeug in die Hand und drängt es so in seine „Kinderwelt", weil es bei der Arbeit stört. Ihr Kind muß sich aber seine eigene Spielwelt erst langsam aufbauen. Die Inhalte dazu entnimmt es seiner Umwelt. Wie kann es später „Mutter" spielen, wenn es nicht erfahren durfte, was eine Mutter eigentlich alles macht? Erfahrungen kann es aber nicht durch bloßes Zuschauen sammeln, sondern nur durch Nachahmen, Mittun und Ausprobieren.

Wiederholungsspiele

So einförmig Wiederholungsspiele von außen auch anmuten mögen – für das Kind sind sie gar nicht langweilig. Es klettert immer wieder auf den Stuhl und wieder hinunter, es möchte immer wieder die gleiche Geschichte mit den gleichen Worten hören, die gleichen Fingerspiele üben. Geduldig steckt es die Becherpyramide zusammen, schüttelt die Becher dann durcheinander und beginnt von neuem.
So vervollkommnet es in der ständigen Wiederholung seine Kenntnisse über einen Gegenstand oder einen Sachverhalt. Seine Bewegungen und Handlungen werden zweckmäßiger und passen sich dem Gegenstand immer mehr an. Für das Kind handelt es sich dabei gar nicht um das gleiche Spiel. Es ist immer wieder neu, solange es noch etwas daran zu entdecken gibt.

Versteckspiele

„Aus den Augen, aus dem Sinn" heißt ein Sprichwort. Für ein einjähriges Kind trifft es noch im buchstäblichen Sinn zu. Erst im Laufe des zweiten Lebensjahres reift die Erkenntnis, daß ein Ding auch existiert, wenn man es nicht sieht. An der Art der beliebten Versteckspiele kann man diese Entwicklung etappenweise verfolgen. Es beginnt mit dem „Guck-Guck"-Spiel,

Der Fotograf hatte bei der Aufnahme zu diesem Spiel keine Schwierigkeiten: Das Kind wiederholte den Wurf mit dem Ball gern siebzehnmal (oben).

Ein Kind hat mit eineinhalb Jahren bereits eine ausgeprägte Vorliebe für bestimmte Bilderbücher. Erwachsene können kaum voraussagen, welches Buch einem Kind am besten gefallen wird. Bieten Sie deshalb mehrere zur Auswahl an (unten).

das auch nach endloser Wiederholung nicht an Spannung verliert: Die Mutter verschwindet kurz aus dem Blickfeld des Kindes, ruft „Guck-Guck!" und taucht wieder auf. Dabei wird sie so strahlend begrüßt, als sei sie lange weggewesen.
Die kleine Angst über das Verschwinden der Mutter wird gedämpft durch die freudige Gewißheit, daß sie bestimmt wiederkommt. Das Kind erlebt das Spiel also wie einen kleinen Krimi: Etwas Angst haben ist schön, wenn man weiß, daß einem eigentlich gar nichts passieren kann!
Etwas später kann sich Vater oder Mutter richtig verstecken und vom Kind suchen lassen. Ein Ellenbogen oder Schuh sollte aus dem Versteck herausschauen, weil das Kind sie sonst vielleicht nicht finden kann und wirklich Angst bekommt.
Schließlich versteckt sich das Kind auch schon selbst, indem es sich die Augen zuhält. Und weil es selbst nichts sieht, glaubt es, auch nicht gesehen zu werden.

Verlieren und Wiederfinden

Diese Spiele sind den Versteckspielen in wesentlichen Punkten ähnlich.
Auch hier wird etwas aus dem Blickfeld verloren, und das Wiederentdecken löst freudige Erregung aus. Das Kind spielt hier jedoch die aktive Rolle: Es „verliert" mit Absicht. Schon am Ende des ersten Lebensjahres beginnt es mit diesen Spielen: Es wirft immer wieder ein Spielzeug aus dem Bett und möchte, daß die Mutter es wieder aufhebt. Später rollt es beispielsweise seinen Ball mit bedauerndem Ausruf weg, krabbelt ihm nach und umfaßt ihn strahlend. Oder es legt sein Lieblingstier ins Bett, verläßt das Zimmer und kehrt nach einer Weile zu ihm zurück. Manchmal „verläßt" es auch mitten im Spiel seine Mutter, versteckt sich in einem anderen Zimmer und möchte von ihr gefunden werden.

Mit all diesen Spielen versucht es einen für sein Alter wesentlichen Konflikt zu bewältigen: die allmähliche Lösung der engen Kind-Mutter-Beziehung. Da solch eine Trennung nicht ohne Schwierigkeiten verlaufen kann, ranken sich viele Spiele um diese Thematik.
Es sagt in diesen Spielen auch: „Wie Du mir, so ich Dir!" und „Ich werde nicht nur verlassen, ich kann auch selbst verlassen." Wenn man das Befürchtete selbst herbeiführt, ist es nicht mehr so schlimm. Wenn die Mutter weggeht, weiß das Kind nicht ganz genau, ob und wann sie wiederkommt. Aber wenn es selbst etwas verläßt, hat es das „Wiedersehen" in der Hand. Diese Freude auf das sichere Wiedersehen entschärft seine Angst.

Toben und Lärmspiele

Zum Laufen- und Sprechenlernen gehört auch, daß ein Kind dabei die Grenzen seiner Möglichkeiten erfahren kann. Sobald es etwas sicherer auf den Beinen ist, will es herausfinden, was es mit dieser Fähigkeit alles machen kann: Es will laufen, klettern, springen, toben. Lassen Sie ihm möglichst viel Bewegungsfreiheit. Wenn Sie es zu stark in seinem Bewegungsdrang behindern, bleibt vieles ungeübt. Ein verkrampftes Verhalten ist die Folge.
Mit Geräuschen verhält es sich ebenso. Ihr Kind erkennt, daß seine Stimme ein wunderbares Instrument ist, mit dem es überraschende Erfolge erzielen kann: Wenn es schreit, hört jeder zu – aber auch, wenn es laut auf etwas draufschlägt. Nicht nur das ist ein Grund, warum Krachmachen Spaß bereitet. Wußten Sie, daß Kinder ihre ersten musikalischen Eindrücke in Form von Lärm aufnehmen? Krach ist in ihren Ohren Musik!
Mit Toben und Lärmen will Ihr Kind Sie nicht ärgern, sondern nur seine Fähigkeiten ausprobieren.

Spielzeug im zweiten Lebensjahr

Welches Spielzeug ist für Ein- bis Zweijährige geeignet? Im Grunde jeder Gegenstand, der zum Tätigwerden anregt. Alle Dinge, an denen das Kind Erfahrungen machen kann, sind wertvolle Spielzeuge. Hier liegt der Ansatz zu einem häufigen Mißverständnis zwischen Eltern und Kind: Der Erwachsene versteht unter Spielzeug eigens für das Kind hergestellte Sachen, die gewöhnlich Nachbildungen wirklicher Dinge sind. Ein Kind in diesem Alter macht eine solche Unterscheidung aber noch nicht. Es beschäftigt sich auch intensiv mit Gegenständen und Materialien, die ein Erwachsener vielleicht sogar aus dem Gesichtskreis des Kindes verbannen würde.

Schlamm, Schmutz und Wasser

Wasser, am besten noch mit Sand und Dreck vermischt, Schlamm, Ton und Erde sind besonders beliebt. Dinge also, die kleben, schmieren, naß und schmutzig machen (und die das Kind zu Beginn des zweiten Lebensjahres auch noch mit dem Mund kosten möchte . . .).
Gerade dieses „Spielzeug" ist besonders geeignet zur Entwicklung schöpferischer Fähigkeiten. Denn diese Stoffe sind noch völlig ungeformt. Die „Gestaltung" bleibt ganz der Phantasie des Kindes überlassen. Der Stoff ist leicht formbar. So kann schon das kleine, noch wenig geübte Kind damit umgehen. Es wird immer einen sichtbaren Erfolg haben. Das stärkt sein Selbstvertrauen.
Außerdem ist Schmieren an sich schon lustvoll, und man kann sich dabei richtig „ausleben" – das wissen Sie ja sicher noch aus Ihrer eigenen Kindheit. Wenn sich ein Kind auf diese Weise austoben kann, so gelingt ihm die Kontrolle in anderen Bereichen besser. Setzt man hier zu enge Grenzen aus Bequemlichkeit oder eigener übertriebener Schmutzangst, so erzieht man ein zwar braves, aber auch gehemmtes und ängstliches Kind. Es wird wenig Lust und Fähigkeit zum Arbeiten entwikkeln und zu aggressiven Reaktionen und Trotzhaltungen neigen.

Gebrauchsgegenstände und Spielzeug

Wir haben gesehen, daß die Tätigkeiten und Werkzeuge der Erwachsenen eine starke Anziehungskraft auf das Kind ausüben. Dabei ist der große Besen weitaus interessanter als der Spielzeugbesen, das Trommeln mit dem Löffel auf einem Kochtopf aufregender als das Klingeln mit einer Spielzeugglocke.
Das liegt daran, daß das Kind nun die Erwachsenen als seine Vorbilder ansieht, deren Fähigkeiten und Verhaltensweisen es ebenfalls beherrschen will. Es kann die Handlungen jedoch oft nur an dem Gegenstand nachvollziehen, an dem es sie beobachtet hat. Die Übertragung einer Handlung von einem Gegenstand auf einen anderen, z. B. von Gebrauchsgegenständen auf Spielzeug, gelingt zunächst nicht so leicht.
Spielzeug hingegen erlebt das Kind noch nicht als „Spielzeug". Deshalb bedeutet ihm auch die Ähnlichkeit des Spielzeugbesens mit dem richtigen Besen noch nichts. Es kommt nur darauf an, daß er in der gemeinsamen Tätigkeit mit dem Erwachsenen kennengelernt wurde. Das „echte"

Alle Kinder haben große, weiche Stofftiere gern, besonders, wenn sie das Tier selbst hinter sich herziehen oder sogar darauf reiten können. Noch nach Jahren wird solch ein Tier innig geliebt.

Telefon ist daher auch viel interessanter als ein Spielzeugtelefon. Um sich eine eigene Spielwelt aufbauen zu können, in der später Spielsachen die Vertretung von Alltagsgegenständen übernehmen, muß es diese Dinge erst einmal kennenlernen dürfen. Es wäre deshalb falsch, das Kind ständig in seinen Spielbereich zurückzuverweisen. Erst mit dem zweiten Geburtstag beginnt das sogenannte „Spielzeugalter", in dem das eigentliche Spielzeug eine

Hier sehen Sie eine Auswahl von didaktisch wertvollen Spielsachen, die für Kinder im zweiten Lebensjahr besonders geeignet sind. Sie regen viele Fähigkeiten und Fertigkeiten im Spiel gezielt an.

größere Bedeutung bekommt. Lassen Sie also Ihr Kind mit vielen Haushaltsgegenständen spielen. Geben Sie ihm Plastikschüsseln, Kochtöpfe, Schlüssel, Schachteln usw. Eigentlich gibt es dabei nur eine Grenze: Gegenstände, mit denen sich Ihr Kind verletzen oder sich schaden könnte. Je weniger Sie jetzt Ihren Bereich vor ihm abschirmen und je mehr Sie es bei Ihrer Arbeit „mithelfen" lassen (Papierkorb ausräumen, Wäscheschrank „einräumen"), desto eher wird es später selbständig spielen.

Spielzeug aus dem Laden

Natürlich braucht Ihr Kind zusätzlich auch noch eigenes Spielzeug als materiellen Anreiz zum spielerischen Tätigwerden. Es ist jedoch jetzt noch kein Ersatz für die „wirklichen" Gegenstände, sondern ein Ding wie jedes andere, das erst einmal ganz genau untersucht wird. Diese Erkundung erfolgt hauptsächlich über die Form des Gegenstandes. Anfangs nimmt es dabei Hände und Mund zu Hilfe, gegen Ende des zweiten Lebensjahres kann es ihn auch „auf einen Blick" erfassen und sich vorwiegend optisch orientieren.
Das Spielzeug für das zweite Jahr sollte so beschaffen sein:

– Es darf nicht zu klein oder in sehr kleine Einzelteile zerlegbar sein, die das Kind verschlucken könnte.

- Es soll klare und einfache Formen haben. Das erleichtert das Hantieren und das Orientieren.
- Es sollte abwaschbar oder leicht zu reinigen sein. Die Farben müssen lutschfest und ungiftig sein.
- Es darf keine scharfen Kanten und Spitzen haben. Tiere und Puppen sollen innen keine gefährlich spitzen Drähte enthalten.
- Solide Verarbeitung verhindert, daß ein Spielzeug schon bei den ersten „Untersuchungen“ kaputtgeht. Wenn ein höherer Preis wirklich mit besserer Qualität verbunden ist, sollten Sie ihn zahlen.
- Das Kind soll selbst etwas damit tun können: fahren, ziehen, beladen oder auseinandernehmen. Es gibt auch Holzspielsachen, die man zerlegen kann und die ein Erwachsener dann wieder zusammenbauen kann. All dies ist sinnvoller als Spielsachen, die es nur passiv betrachten kann. Auch mechanisches Spielzeug (etwa zum Aufziehen) ist jetzt noch wenig geeignet, weil Ihr Kind es nicht selbst aufziehen kann.

Manchmal glauben Eltern, daß sie ihrem Kind eine Riesenfreude machen, wenn sie ihm etwas schenken, das sie sich in ihrer eigenen Kindheit gewünscht haben. Und dann sind sie enttäuscht, wenn ihr Kind ihre Begeisterung nicht teilt, z. B. weil es noch zu klein dafür ist. Es besteht auch die Gefahr, daß man viel unnützes Spielzeug kauft, das dann nur herumliegt und

Auch diese Spielsachen sind didaktisch wertvoll.
Bitte geben Sie Ihrem Kind nur nach und nach neues Spielzeug dazu. Erst gegen Ende dieses Lebensjahres wird es viele Spielsachen gleichzeitig in seine Spiele einbeziehen.

von dem Kind gar nicht beachtet wird. Wir stellen Ihnen anschließend eine Anzahl geeigneter Spielsachen zur Auswahl vor. Auf keinen Fall braucht Ihr Kind alle genannten Dinge. Es wird sich auch gar nicht intensiv mit einer Sache auseinandersetzen, wenn Sie ihm gleichzeitig zuviel anbieten.

Spielzeug zum Liebhaben

Ein Teddybär, eine Stoffpuppe oder ein Stofftier gehört zu den Spielsachen, die lange Zeit hindurch beliebt bleiben. Dem Kind ist es gleichgültig, ob sein Liebling allmählich an äußerer Schönheit verliert. Ein Kind, das die Puppe füttert oder den Teddy im Arm hält, hat für diese „Freunde“ soviel zärtliche Gefühle entwickelt, daß sie keine austauschbaren Gegenstände mehr sind. Es wäre daher grausam, wenn man den alten, zerrupften Teddy oder die Puppe mit dem völlig verblaßten Gesicht wegwerfen und durch etwas Neues ersetzen wollte. Ebenso störend für die Entwicklung stabiler Gefühlsbindungen wäre aber auch ein Überangebot an Puppen und „Kuscheltieren“. Zwischen Jungen- und Mädchenspielzeug sollten Sie nicht unterscheiden. Kinder spielen das, was sie erleben. Und in den ersten Lebensjahren erleben sie hauptsächlich die häusliche Umgebung. Sie erleben, was mit ihnen selbst geschieht: Sie werden angezogen, sie bekommen etwas zu essen, sie werden liebevoll umarmt.

Spielzeug zum Ziehen, Bauen und Stecken

Sobald Ihr Kind sicher laufen kann, zieht es gern etwas hinter sich her. Es macht Spaß, wenn dieser Gegenstand je nach der Laufgeschwindigkeit anders reagiert, z. B. bei schnellem Laufen mit dem Schwanz wackelt oder laut rasselt. Achten Sie beim Kauf auf eine breite Achse, damit das Spielzeug nicht dauernd umfällt.
Ebenfalls beliebt sind Autos zum Schieben. Zu empfehlen sind ein Holzauto (bis 25 cm) und ein Plastikauto mit großer Ladefläche und breiten Rädern. So kann Ihr Kind unterschiedliche Tasterfahrungen an den beiden Materialien machen.
Gegen Ende des zweiten Jahres kann das Auto schon einen Anhänger zum Be- und Entladen haben.
Mit zunehmender Geschicklichkeit wächst auch die Freude am Konstruieren. Geben Sie ihm mit einem Sack voller Bauklötze die Möglichkeit dazu. Die Klötze sollen verschiedene Formen (Würfel, Torbögen, Quader usw.) haben und in der Größe der Hand des Kindes angepaßt sein. Zeigen Sie ihm, was man damit spielen kann.
Wenn Ihr Kind die Becherpyramide schon aufstellen kann, können Sie nun auch schwierigere Steckspiele kaufen: Stäbchen, die in die passenden Löcher gesteckt werden, Klötzchen, die man auf eine Schraubspindel schraubt, eine Ringpyramide. Bei all diesen Spielen braucht Ihr Kind zunächst Ihre Hilfe. Sie müssen ihm zeigen, wie das Spiel funktioniert. Dann bekommt es auch rasch durch eigene Übung die einzelnen „technischen Tricks“ heraus, die zum gewünschten Ziel führen.

Musikinstrumente, Malwerkzeug, Bilderbücher

Eine kleine Mundharmonika, eine Spielzeugtrompete oder ein Xylophon sollte im zweiten Lebensjahr ebenfalls zu den Spielsachen gehören. Ihr Kind wird zwar bestimmt kein Lied darauf nachspielen, aber es freut sich über die Töne, die es dem Instrument entlocken kann. Auch ein Tamburin ist leicht zu bedienen – oder die Pfeife Ihres Wasserkessels.
Geben Sie Ihrem Kind auch immer wieder Gelegenheit zum Malen. Kaufen Sie ein

paar Wachsstifte, und zeigen Sie ihm, wie man Striche damit machen kann. (Die bunten Farben werden es allerdings noch eine ganze Weile dazu verlocken, kräftig hineinzubeißen.)
Die „Kunstwerke" bestehen natürlich zuerst nur aus Kritzeleien und Punkten. Doch Ihr Kind wird sich riesig freuen, wenn es mit seinen Fingerbewegungen sichtbaren Erfolg hat. Hängen Sie die Bilder auch auf, dann spürt Ihr Kind, daß Ihnen seine Schöpfungen gefallen, und Sie regen es zugleich zum weiteren Malen an.
Die ersten Bilderbücher sollten Dinge aus der Umwelt des Kindes enthalten: Tiere, Spielzeug und Gegenstände des täglichen Gebrauchs. Sie müssen aus festem Material sein. Aber das schönste Bilderbuch wird Ihr Kind langweilen, wenn Sie ihm nicht geduldig immer wieder alle Einzelheiten erklären und es fragen, wo der Ball, der Hund usw. zu sehen sind.

Spielzeug für draußen

Sobald das Kind laufen kann, ist im Freien ein leichter, großer Gummiball geeignet, der zu ständig neuen Bewegungsspielen anregt. Mit Wasser- und Sandspielzeug kann sich ein Kind jetzt lange beschäftigen. Viel Spaß macht das Reiten auf einem großen Tier (Schaukelpferd).

Nehmen Sie diese Bilderbücher als Beispiele und Anhaltspunkte für die Auswahl eines guten Buches im Laden. Denken Sie besonders an klare und farbkräftige Abbildungen, an Inhalte, die Ihr Kind versteht, und nicht zuletzt an die Haltbarkeit.

Von berühmten Eltern, berühmten Kindern und dem ewigen Ärger ums Geld

«Meinen (leider mißrathenen) Sohn . . .

. . . habe seit vorm Jahre, da die Ehre hatte, von Ew. HochEdl. viele Höflichkeiten zu genießen, nicht mit einem Auge wiedergesehen. Ew. HochEdl. ist auch nicht unwißend, daß damahln vor selbig nicht alleine den Tisch, sondern auch den Mühlhäuser Wechsel richtig bezahlet, sondern auch noch einige Ducaten zur Tilgung einiger Schulden zurück ließ, in Meynung nunmehro ein ander genus vitae zu ergreifen. Ich muß aber mit äußerster Bestürtzung abermahligst vernehmen, daß er wieder hie und da aufgeborget, seine Lebensarth nicht im geringsten geändert, sondern sich gar absentiret und mir nicht den geringsten part seines Aufenthalts bis dato wissend gemacht. Waß soll ich mehr sagen oder thun?»

Wer da, in einem Brief an einen Ew. HochEdl. in Sangerhausen, so über seinen Sohn Johann Gottfried Bernhard klagte, war: Johann Sebastian Bach.

Kinder waren ihren Eltern von jeher lieb – und teuer. Daß sie mitunter nicht nach Wunsch geraten, davor bewahrt keine Versicherung. Aber Erspartes erspart einem auch da manches.

Spielsachen zum Selbermachen

Wir wollen Ihnen jetzt keine Basteltips geben, die Sie etwa peinlich genau befolgen sollen. Unsere Vorschläge sind vielmehr als Anregung gedacht, wie man mit einfachen Materialien, für wenig Geld und in kurzer Zeit etwas zum Spielen herstellen kann. Es handelt sich um Dinge, die auch völlig bastelungeübten Müttern oder Vätern leicht gelingen. Und wer besonders geschickt ist, kann diese Vorschläge entsprechend kunstvoll variieren.
Lassen Sie Ihr Kind bei der Herstellung ruhig zuschauen oder sogar mithelfen. Ein Kind findet es aufregend, wenn es mitverfolgen kann, wie eine Sache entsteht. Allerdings wird es nur kurze Zeit mit der Rolle des passiven Zuschauers zufrieden sein. Sie müssen ihm also zwischendurch die Möglichkeit zum Untersuchen der von Ihnen benützten Gegenstände geben.
So eine kleine „Arbeitsgemeinschaft" verstärkt auch das Zusammengehörigkeitsgefühl: Ihr Kind spürt, daß Sie ihm eine Freude machen wollen, und Sie selbst fühlen sich dabei intensiv in die kindliche Vorstellungswelt ein.
Als Material kann alles dienen, was Sie in Ihrem Haushalt vorfinden: Kartons, leere Dosen, alte Stoffe und Wollreste, buntes Papier, Holz. Auf die Perfektion kommt es nicht an. Wichtig ist nur, daß Ihr Kind hinterher mit dem Gegenstand etwas anfangen kann.

Wollpuppe

Umwickeln Sie zwei kleine Schaumgummiteile oder Haushaltsschwämme, deren Ecken Sie abrunden, mit Wolle (Wollresten). Sie bilden den Kopf und den Rumpf der Puppe. Dann machen Sie vier Zöpfchen aus Wolle – als Arme und Beine –, nähen sie an den Rumpf, ziehen einige Wollfäden als Haar durch das Kopfteil und sticken ein lustiges Gesicht.

Erinnern Sie sich noch daran, daß nicht die „schönste" Puppe Ihre liebste war? Warum ein Kind gerade mit einer bestimmten Puppe besonders gern spielt, ist nur in seltenen Fällen erkennbar. Ist es die Weichheit, die Schmiegsamkeit oder die Unvollkommenheit, die ein Kind reizt?

Bauklötze aus Schachteln

Werfen Sie die Schachteln von Zahnpasta, Babybrei und anderen Dingen nicht mehr weg, sondern sammeln Sie sie. Sie können daraus sehr brauchbare Bauklötze machen – Klötze, die viel größer sind als die üblichen Holzbauklötze. Bei sehr dünner Pappe empfiehlt es sich allerdings, die Schachtel mit Papier fest auszustopfen, damit sie das Kind nicht zerdrückt. Sie können die Schachteln mit selbstklebendem Papier beziehen oder auch weißes Papier aufkleben und es dann mit wasserunlöslichen Farben bemalen.

„Geräuschdosen"

Aus leeren Dosen können Sie viele verschiedene Spielsachen herstellen. Bunt beklebt oder bemalt, dienen sie als Bauklötze oder als „Geräuschdosen" (wenn Sie sie mit Reis oder kleinen Perlen füllen) oder einfach als „Lärmerzeuger" (z. B. wenn Sie mehrere bunte Dosen an einer Schnur baumeln lassen).

Schaukomobil

Besorgen Sie sich ein großes Stück Schaumgummi (etwa 115 cm lang und 20 cm breit). Abweichungen von dieser Zentimeterangabe sind möglich, nur denken Sie beim Kauf daran: Das Stück muß „standfest" sein, und es darf auf der Reitfläche nicht so breit sein, daß Ihr Kind nicht mehr bequem sitzen kann.
Nun schneiden Sie zwei kurze Teile (mit einem großen scharfen Sägemesser) davon ab, die Sie als Höcker rechts und links außen aufsetzen (s. Foto). Diese Höcker können Sie mit ein paar Stichen annähen oder mit einem für Schaumgummi geeigneten Klebstoff ankleben. Runden Sie mit

Das Schaukomobil ist nur ein Beispiel für Kindermöbel. Ähnlich können Sie aus Schaumgummi und Bezugsstoff Sessel, Liegen, eine Kuschelecke oder eine dicke Rolle anfertigen (links).

Mit diesem „Eigenheim" können Sie Ihrem Kind einen Riesenspaß machen. Auch wenn es am ersten Tag vielleicht noch nicht hineinkrabbelt, wird es nach einigen Tagen gern mit Ihnen „Guck-Guck" spielen (rechts).

der Schere die Kanten etwas ab. Die nun entstandene Form legen Sie mit der Breitseite auf ein sehr großes Stück Papier und zeichnen einen Schnitt für die Stoffhülle. Jetzt fertigen Sie nach dem Schnittmuster aus alten Stoffresten zwei gleichgroße Stücke für die Seiten und einen Streifen, der so breit ist wie die „Reitfläche“ (Nahtzugabe!) und so lang, daß er das gesamte Schaukomobil „umrahmt“.
Eine kleine Schwierigkeit gibt es: Sie können den Bezug nicht an der Nähmaschine fertigstellen, sondern müssen während der endgültigen Verbindung der einzelnen Stoffteile direkt am Schaumstoffteil arbeiten. Heften Sie also die drei Stoffteile am Schaumgummi fest. Zum Schluß können Sie noch einen Griff auf die beiden Hökker nähen. Das Schaukomobil ist übrigens sehr vielseitig verwendbar: Ihr Kind kann damit reiten, schaukeln, es kann sich daraufstellen oder es als „Couch“ benützen.

Kinderhaus

Dafür brauchen Sie einen sehr großen Karton. Trennen Sie den Boden heraus, und setzen Sie ihn als eine Dachhälfte oben an. Die zweite Dachhälfte wird von dem oberen Deckel gebildet. Kaufen Sie wasserfeste und ungiftige Farben (z. B. Gelb, Rot und Grün), und malen Sie damit das Haus an. Zusätzlich können Sie es noch mit selbstklebenden (oder selbstgemalten) Blumen oder Tieren verzieren. Den Eingang und die Fenster schneiden Sie so groß, daß Ihr Kind mühelos hineinklettern und den Kopf herausstrecken kann. Das Dach befestigen Sie dann mit Klebeband.

Tagebuch des zweiten Lebensjahres für ___________

Bitte führen Sie dieses Tagebuch regelmäßig. Wenn Ihr Kind älter geworden ist, erfährt es hier in Wort und Bild alles über sein zweites Lebensjahr. In die umrahmten Felder kleben Sie bitte je ein auf die benötigte Größe zugeschnittenes Foto ein.
Bei vielen Fragen können mehrere Antworten zutreffend sein. In diesen Fällen kreuzen Sie mehrere Kästchen an.

Wann hast Du Deine ersten freien Schritte gemacht?	Vor dem ersten Geburtstag.	☐
	Mit 13 Monaten.	☐
	Nach dem 15. Monat.	☐
Wie viele Wörter kannst Du schon sprechen?	Ein bis zwei Wörter.	☐
	Mehrere Wörter.	☐
	Mehr als zehn Wörter.	☐
Ist Dein Vater ein lustiger Spielkamerad?	Er denkt sich jeden Tag etwas Neues aus.	☐
	Er kann noch nicht sehr viel mit mir anfangen.	☐
	Nein, er hat keine Zeit.	☐
Lassen Dich Deine Eltern abends allein zu Hause?	Nein, sie gehen nie ohne mich weg.	☐
	Ja, sie besorgen dann einen Babysitter.	☐
	Ja, wenn ich eingeschlafen bin, gehen sie manchmal aus.	☐
Fällt Dir das Einschlafen schwer?	Nein, ich schlafe leicht ein.	☐
	Ja, ich fürchte mich vor der Dunkelheit.	☐
	Ja, ich will nicht allein einschlafen.	☐
Aus wieviel Bauklötzen baust Du einen Turm?	Aus drei Bauklötzen.	☐
	Aus zwei Bauklötzen.	☐
	Die Bauklötze fallen immer um.	☐
Was kannst Du schon alles allein machen?	Die Haare kämmen.	☐
	Brotstücke in den Mund stecken.	☐
	Ohne Hilfe aufstehen.	☐
	Mich allein hinsetzen.	☐
Kennst Du Dich in der ganzen Wohnung aus?	Ja, ich krabbele überall herum und habe alles untersucht.	☐
	Ich bin meistens im Kinderzimmer.	☐
	Ich bin häufig im Laufstall.	☐

Wieviel hast Du an Deinem ersten Geburtstag gewogen?

____

Wie groß warst Du an Deinem ersten Geburtstag?

____

Wie viele und welche Zähne hast Du jetzt?

____

____

____

____

____

Bitte kleben Sie hier ein Foto ein.

Motivvorschläge:

Ihr Kind macht
die ersten freien Schritte

Ihr Kind trinkt
aus einem Becher

Ihr Kind spielt
mit Bauklötzen

Dieses Foto ist am ____________________ aufgenommen.

Besondere Ereignisse:

____

____

____

____

____

____

____

____

____

____

Dieses Foto ist am ____________________ aufgenommen.

Bitte kleben Sie hier ein Foto ein.

Motivvorschläge:

Ihr Kind schiebt
seinen Kinderwagen

Der Vater trägt sein Kind
auf den Schultern

Ihr Kind „bemalt"
ein Stück Papier

Ißt Du alles, was auf den Tisch kommt?	Ja, mir schmeckt alles.	☐
	Nein, ich bin sehr wählerisch.	☐
	Nein, ich bin ein schlechter Esser.	☐
Spielst Du gern mit anderen?	Ja, ich habe eine(n) Spielfreund(in).	☐
	Ich spiele häufig mit meinen Geschwistern.	☐
	Ich spiele viel mit meinen Eltern.	☐
Wo schläfst Du?	Im Schlafzimmer meiner Eltern.	☐
	Mit meinen Geschwistern zusammen.	☐
	Ich habe ein eigenes Zimmer.	☐
Hast Du schon Deinen „eigenen Kopf"?	Ja, wenn man mir etwas wegnimmt, weine ich.	☐
	Ja, wenn ich nicht bekomme, was ich will, werde ich wütend.	☐
	Nein, ich füge mich ohne Protest.	☐
Bereitet Dir das Zahnen Schmerzen?	Nein, gar nicht.	☐
	Ja, deswegen bin ich oft verstimmt.	☐
	Ja, das Zahnfleisch entzündet sich.	☐
Lutschst Du am Daumen?	Ja, mehrere Stunden am Tag.	☐
	Nur vor dem Einschlafen.	☐
	Ja, wenn ich mich langweile.	☐
Wie sicher bist Du auf Deinen Beinen?	Ich stolpere nur noch selten.	☐
	Ich kann schon Treppen steigen.	☐
	Ich falle noch oft hin.	☐
Wie geschickt bist Du mit den Händen?	Ich führe den Löffel sicher zum Mund.	☐
	Ich kann Striche nachzeichnen.	☐
	Ich kann einen Schlüssel ins Schlüsselloch stecken.	☐
Wie reagieren Deine Eltern, wenn Du alles auf den Kopf stellst?	Sie nehmen es gelassen hin.	☐
	Sie bringen gleich alles wieder in Ordnung.	☐
	Sie ärgern sich.	☐
Ist Deine Mutter wieder berufstätig?	Nein, sie ist den ganzen Tag zu Hause.	☐
	Sie arbeitet halbtags.	☐
	Sie hat ihre frühere Tätigkeit wieder aufgenommen.	☐
Wem siehst Du ähnlich?	Meiner Mutter.	☐
	Meinem Vater.	☐
	Keinem von beiden.	☐

Was spielst Du besonders gern?

Bitte kleben Sie hier ein Foto ein.

Motivvorschläge:

Ihr Kind räumt einen Papierkorb aus

Ihr Kind spielt im Sandkasten (im Planschbecken)

Ihr Kind steigt auf einen Stuhl

Welche Wörter kannst Du schon sprechen?

Dieses Foto ist am ____________ aufgenommen.

Dieses Foto ist am ____________ aufgenommen.

Besondere Ereignisse:

Bitte kleben Sie hier ein Foto ein.

Motivvorschläge:

Der Vater spielt mit seinem Kind

Ihr Kind sieht sich im Spiegel

Ihr Kind streichelt ein Tier

Wann haben Deine Eltern mit der Sauberkeitserziehung begonnen?	Als ich ein Jahr alt war.	☐
	Als ich achtzehn Monate alt war.	☐
	Noch gar nicht.	☐
Meldest Du Dich, wenn Du auf den Topf mußt?	Ja, meistens.	☐
	Manchmal.	☐
	Meistens erst hinterher.	☐
	Nein.	☐
Mit wem spielst Du am liebsten?	Mit meiner Mutter.	☐
	Mit meinem Vater.	☐
	Mit anderen Kindern.	☐
	Allein.	☐
Spielst Du viel im Freien?	Ja, im Garten (auf dem Balkon, im Park).	☐
	Nein, bei uns gibt es wenig Gelegenheit.	☐
	Fast nie.	☐
Sprichst Du viel mit Deinen Eltern?	Ja, wir unterhalten uns schon recht gut.	☐
	Sie verstehen oft nicht, was ich meine.	☐
	Ich verstehe sie häufig nicht.	☐
Spielst Du gern mit Puppen?	Ja, sehr viel.	☐
	Selten.	☐
	Ich ziehe andere Spielsachen vor.	☐
Wie reagierst Du auf Musik?	Ich beachte Musik nicht.	☐
	Ich mache Tanzbewegungen dazu.	☐
	Ich höre aufmerksam zu.	☐
Wie sehen Dich die anderen?	Ich bin ein unruhiges Kind.	☐
	Ich bin lebhaft und immer fröhlich.	☐
	Ich bin ängstlich und empfindsam.	☐
Bist Du gern zu Besuch bei anderen?	Nein, sie machen mir Angst.	☐
	Ja, ich finde es aufregend.	☐
	Wir besuchen fast nie jemanden.	☐
Singt Dir Deine Mutter abends ein Schlaflied?	Ja, jeden Abend.	☐
	Gelegentlich.	☐
	Nur wenn ich nicht einschlafen kann.	☐
Läßt Du Dich gern baden?	Ja, es macht mir großen Spaß.	☐
	Ich bin froh, wenn es vorbei ist.	☐
	Ich sträube mich sehr dagegen.	☐

Wie bringst Du Deine Eltern zum Lachen?

Bitte kleben Sie hier ein Foto ein.

Motivvorschläge:

Ihr Kind tanzt
zur Musik

Sie schauen gemeinsam
ein Bilderbuch an

Was macht ihnen Schwierigkeiten bei der Sauberkeitserziehung?

Ihr Kind auf dem Topf
(auf der Toilette)

Dieses Foto ist am ____________________ aufgenommen.

Dieses Foto ist am ____________________ aufgenommen.

Besondere Ereignisse:

Bitte kleben Sie hier ein Foto ein.

Motivvorschläge:

Ihr Kind unter
der Dusche

Die Familie turnt
gemeinsam

Ihr Kind kommt
schmutzig vom Spielen

Warst Du schon einmal länger verreist?	Ja, wir haben einen Familienurlaub gemacht.	☐
	Ja, ich war allein bei Bekannten.	☐
	Nein, noch nie.	☐
Warst Du in diesem Jahr krank?	Nein.	☐
	Nein, ich war nur leicht erkältet.	☐
	Ja, sogar ernstlich.	☐
Bist Du schon sauber?	Ja, völlig.	☐
	Ich nässe nachts noch ein.	☐
	Meine Eltern haben mit der Sauberkeitserziehung noch nicht begonnen.	☐
Wie viele Wörter sprichst Du?	Mehr als 80.	☐
	Zwischen 10 und 80.	☐
	Weniger als 10.	☐
Hilfst Du Deiner Mutter ein wenig im Haushalt?	Ja, ich trage einiges herbei.	☐
	Ja, ich helfe beim Aufräumen.	☐
	Meine Mutter traut mir das nicht zu.	☐
Wovor hast Du Angst?	Vor großen Tieren.	☐
	Vor fremden Leuten.	☐
	Vor der Dunkelheit.	☐
	Vor dem Alleinsein.	☐
	Ich habe keine Angst.	☐
Tust Du, was Deine Eltern wollen?	Ja, ich tue, was man mir sagt.	☐
	Ich bin manchmal bockig.	☐
	Ich mache immer, was ich will.	☐
Spielst Du mit Deiner Puppe Mutter und Kind?	Ja, häufig.	☐
	Selten.	☐
	Nein, nie.	☐
Kann Dich Deine Mutter auch einmal allein lassen?	Nein, ich will nicht allein spielen.	☐
	Ich schreie, wenn ich sie nicht mehr sehe.	☐
	Ja, wenn ich bei guten Bekannten bin.	☐
Wie viele Zähne hast Du jetzt?	Mir fehlen noch drei bis sechs Zähne.	☐
	Mir fehlen noch ein bis zwei Zähne.	☐
	Ich habe alle 20 Zähne.	☐
Wie viele Stunden schläfst Du durchschnittlich pro Tag?	10 bis 12 Stunden.	☐
	12 bis 14 Stunden.	☐
	14 Stunden und mehr.	☐

Wie verlief Deine zweite Geburtstagsfeier?

Bitte kleben Sie hier ein Foto ein.

Motivvorschläge:

Ihr Kind „verkleidet“ sich

Ein Familienfoto

Ein Urlaubsfoto

Wodurch hast Du Deine Eltern besonders überrascht?

Dieses Foto ist am ____________________ aufgenommen.

Wie groß und wie schwer bist Du?

Dieses Foto ist am ____________________ aufgenommen.

Besondere Ereignisse:

Bitte kleben Sie hier ein Foto ein.

Motivvorschläge:

Ihr Kind malt mit Farben

Ihr Kind umarmt seine Puppe

Die Geburtstagsfeier

Überlassen Sie die Förderung Ihres Kindes nicht dem Zufall

Mehr und mehr setzt sich in der neueren wissenschaftlichen Diskussion die Auffassung durch, daß der Umwelt und den Erziehungseinflüssen eine größere Bedeutung zukommt als den Erbfaktoren. Die Erbanlagen setzen zwar bestimmte Grenzen, aber der Spielraum ist größer, als man bisher annahm. Der Vergleich zwischen den Erziehungssystemen und Erziehungserfolgen verschiedener Kulturen bestätigt diese These ebenso wie die Erfahrungen, die bei der Zwillingsforschung gesammelt wurden: Je unähnlicher die Umwelt ist, in der getrennt lebende Zwillinge aufwachsen, desto unähnlicher werden auch eineiige Zwillinge. Eltern, die in den letzten drei bis fünf Jahren ihr Kind im Vorschulalter systematisch gefördert haben, konnten deutlich den Erfolg dieser Beeinflussung sehen. Der amerikanische Wissenschaftler Benjamin Bloom nannte sogar Zahlen in diesem Zusammenhang: Bis zum Ende des vierten Lebensjahres werden 50 Prozent der intellektuellen Leistungsfähigkeit erworben, bis zum achten Lebensjahr 80 Prozent und nur 20 Prozent nach dem achten Lebensjahr. Diese Aspekte haben den Verfasser und seine Mitarbeiter auch dazu geführt, dem Entwicklungsprogramm eine bevorzugte Stellung in der Elternbuch-Reihe einzuräumen.

In den Elternbüchern 1 bis 3 sind die einzelnen Anregungen locker aneinandergestellt. So bleibt genügend Spielraum für Ihr Kind, spontan seine eigenen Intentionen und Wünsche zu entdecken und durchzusetzen. Je mehr Möglichkeiten es aber dazu im Lauf der drei ersten Lebensjahre entwickelt, desto gezielter und systematischer dürfen später die Anregungen und Aufgaben werden.

In seinen frühen Lebensjahren erhält Ihr Kind wesentliche Anregungen durch zufällige Reizangebote, die sehr viele Bereiche seiner Persönlichkeit ansprechen und zu einer Reaktion veranlassen. So entwickeln sich alle seine Fähigkeiten gleichmäßig und günstig. Aber bereits vom zweiten Lebensjahr an ist das systematische Lernen, das von der Umwelt bewußt gesteuert wird, dem „zufälligen" Lernen weit überlegen. Das liegt unter anderem daran, daß bei systematischem Angebot nicht vereinzelte „Leerstellen" (blinde Flecke) bleiben (z. B. durch zu wenig soziale Kontakte, einseitiges Stadtmilieu, einseitiges Sprachangebot usw.) und daß das Kind später weniger umlernen muß. Ein Beispiel: Umlernen muß ein Kind, das zunächst glaubt, das Wort Baum steht auf derselben Abstraktionsebene wie das Wort Pflanze. Einfacher ist es, ihm von Anfang an klarzumachen, daß mit dem Oberbegriff „Pflanze" so unterschiedliche Dinge wie Bäume, Blumen und Sträucher gemeint sein können. Wenn „Falschwissen" von vornherein vermieden wird, kann das Kind seine psychische Energie immer auf „Neulernen" statt auf „Umlernen" richten.

Ab Elternbuch 4 ist das Entwicklungsprogramm mehr in Form eines aufbauenden Kurses gestaltet, um das systematische, gezielte Lernen nach außen hin deutlicher zu machen: als Malkurs, Bewegungskurs, Denkkurs, Kreativitätskurs usw. Auch beim Aufbau nach dem Kursprogramm wird die Zuordnung einzelner Anregungen zu einem Persönlichkeitsbereich schwierig bleiben. Im vorliegenden Elternbuch werden die Aufgaben schwerpunktmäßig zugeordnet. Der Nachteil bei der Zuordnung nach dem „Schwerpunkt" liegt darin, daß nur ein Aspekt der Aufgabe deutlich hervorgehoben wird. Diese Einteilung hat jedoch einen wichtigen Vorteil: Sie können selbst nachprüfen, welche Bereiche der kindlichen Persönlichkeit tatsächlich durch das Programm entfaltet und gefördert werden.

Abgesehen vom Lernaspekt, der bisher ja schon sehr betont wurde, dient das Entwicklungsprogramm noch einem ganz anderen Zweck. Es gibt Ihnen selbst vielfältige Anregungen für Beschäftigungen mit Ihrem Kind. Das Kind erlebt Sie dabei immer als eine Persönlichkeit, von der man interessante und vergnügliche Dinge lernen kann, die viel Abwechslung bietet und es gut mit ihm meint. Das vertieft den Kontakt zwischen Ihnen und Ihrem Kind.

Aus Zeitgründen unternimmt vermutlich die Mutter die meisten Übungen mit dem Kind. Doch auch der Vater sollte jede Gelegenheit dazu ergreifen. Jeder Erwachsene hat eine andere Art, Kinder anzuleiten, und auch das Ziel wird von jedem anders vorgegeben. Durch den Wechsel des erwachsenen Lernspielpartners wird die allzu starke Fixierung einer Aufgabenstellung an eine Person vermieden. Ein Kind muß wissen, daß die Aufgabenstellungen nicht die Erfindungen einer einzigen Person sind.

Gleichzeitig sind die Entwicklungsanregungen für Sie die beste Möglichkeit, Ihr Kind von allen Seiten kennenzulernen. Das schafft die Voraussetzung dafür, daß Sie auf Ihr Kind so eingehen können, wie das für seine Entwicklung nötig ist. Sie sehen im Lauf der Zeit auch, wie Sie es am besten ansprechen, um sein Interesse für eine bestimmte Tätigkeit zu wecken, wie lange es sich auf eine Handlung oder ein Spiel konzentrieren kann und wie es seine Müdigkeit (oder sein Desinteresse) äußert.

Gehen Sie zunächst von diesen Richtwerten aus:

1. Vierteljahr:
2- bis 4mal täglich je 10 Min;
2. Vierteljahr:
2- bis 4mal täglich je 10 bis 15 Min;
3. Vierteljahr:
2- bis 5mal täglich je 10 bis 15 Min;
4. Vierteljahr:
3- bis 5mal täglich je 10 bis 20 Min.

Bei den ersten Anzeichen von Müdigkeit, Langeweile oder Unruhe Ihres Kindes sollten Sie zu einer anderen Beschäftigung übergehen oder eine kleine Pause einlegen.

Stellen Sie die Aufgaben bei einer Wiederholung möglichst nicht in derselben Weise, sondern variieren Sie sie. Dadurch steigt die Anzahl der Aufgaben um ein Vielfaches. Wenn Sie beobachten, daß die Anforderungen an Ihr Kind zu hoch oder zu gering sind, sollten Sie zu den folgenden Anregungen übergehen oder etwas frühere Aufgaben nochmals stellen.

Die Altersangaben des Entwicklungsprogramms beziehen sich auf Lebensjahr und -monat: 1;0 Jahre = 1 Jahr, 0 Monate, 1;1 Jahre = 1 Jahr, 1 Monat usw.

Diese Altersangaben sind eine begründete Empfehlung, keine feste Norm.

Solange Ihr Kind allerdings „mitmacht", können Sie sicher sein, die richtigen Aufgaben, die richtige Dosierung und das günstigste Lerntempo gewählt zu haben.

Wiederholen Sie jede Übung höchstens einmal am gleichen Tag, da Ihr Kind bei der zweiten oder dritten Wiederholung sicher das Interesse verlieren würde. (Das gilt allerdings nicht für die Bewegungsspiele.)

Wir haben verschiedene Anregungen mit einem, zwei oder drei Sternen gekennzeichnet. Wenn Sie einmal wenig Zeit haben, greifen Sie die Anregungen mit drei Sternen heraus, wenn Sie etwas mehr Zeit haben, nehmen Sie die Aufgaben mit zwei Sternen dazu, und wenn Sie sich Ihrem Kind sehr intensiv widmen können, berücksichtigen Sie auch die Aufgaben mit einem Stern.

Viel Sehen ist eine Grundlage für das Denken

Ab 1;0 Jahren

★★★ Die Wahrnehmungsfähigkeit Ihres Kindes können Sie gezielt unterstützen, indem Sie seinen Sinnesorganen Reize bieten, und zwar viele verschiedene Eindrücke. Das heißt, es braucht Abwechslung. Das beginnt schon beim täglichen Spaziergang. Gehen Sie nicht immer den gleichen Weg. Bieten Sie ihm zusätzlich z. B. folgende Möglichkeiten:

- ruhiges Stadtviertel mit Bäumen,
- belebte Stadtstraße,
- Feldwege, Spazierwege durch Wald und Wiesen,
- Park,
- Bahnhof,
- Dorfstraßen,
- See- und Flußufer,
- Gebirgsgegend, flaches Land, Küste.

Sicher werden Sie nicht alle Gebiete regelmäßig aufsuchen können. Aber Sie sollten doch wenigstens zwei oder drei davon, die nicht in Ihrer Wohngegend liegen, etwa einmal im Monat aufsuchen.
Ihr Kind erfährt so die unterschiedliche Struktur von Gebieten und erlebt die weniger vertraute Umgebung zugleich im Wechsel der Jahreszeiten. Während solcher Spazierfahrten machen Sie Ihr Kind auf möglichst viele Dinge aufmerksam. Auch wenn Sie bei Ihrem Kind eine deutliche Reaktion nicht feststellen können, nimmt es doch eine Menge von Eindrükken in sich auf (Farben, Menschen, belebte und ruhige Gebiete, große und kleine Häuser usw.) und verarbeitet sie.
★★ Dinge, die sich bewegen, faszinieren ein Kind in diesem Alter. Geben Sie ihm daher oft Gelegenheit, sie mit den Blicken zu verfolgen. Es möchte einem Auto nachschauen, der Straßenbahn, einem Pferd, einem Traktor, einem fließenden Bach, einem Zug, einem Baukran usw. Machen Sie es darauf aufmerksam, und bleiben Sie stehen, damit es auch wirklich gut sehen

An einem Fluß- oder Seeufer haben Sie vielseitige Möglichkeiten, Ihrem Kind Anregungen zu bieten: Wellen, Fische, Muscheln und andere kleine Tiere beobachten, Steine über das Wasser „tanzen" lassen, den Flug von Möwen verfolgen usw.

„Gegenstände, die vor mir liegen, sehe ich sofort. Aber wenn sie nur hinter einer Ecke hervorspitzen oder gar völlig verdeckt (und versteckt) sind . . .“

kann und nicht gleich wieder abgelenkt wird oder das Objekt aus seinem Blickfeld verliert. Es übt dabei vielseitige Augenbewegungen, erweitert seinen Gesichtskreis und lernt, den Kopf beim Beobachten mitzudrehen (früher drehte es ja den ganzen Körper mit, wenn es eine Bewegung verfolgte). In der Wohnung eignen sich zur Beobachtung rollende Bälle, Spielzeug auf Rädern, Papierflugzeuge usw. Außerdem schaut das Kind den Eltern interessiert bei häuslichen Tätigkeiten (Fensteröffnen und -schließen, Kehren und Staubsaugen) zu.

★★ Veranstalten Sie mit Ihrem Kind in jeder Woche einige Suchspiele. Wenn Sie dazu Gegenstände auswählen, die Ihr Kind gern hat (womit es aber nicht gerade spielt), dann ist das Finden zugleich eine Belohnung. Beginnen Sie mit einfachen Spielen. Ein Beispiel: Sie legen einen Ball unbeobachtet in die Mitte des Zimmers und fragen: „Wo ist der Ball?“ Loben Sie Ihr Kind sehr, wenn es diese schwierige Aufgabe gelöst hat. Beim nächsten Mal legen Sie den Ball auf den Tisch, dann unter einen Stuhl usw. So wird die Aufgabe immer schwieriger. Natürlich müssen Sie nicht immer den gleichen Gegenstand verstecken, und mehr als fünfmal pro Woche sollten Sie das Spiel nicht durchführen, weil Ihr Kind sonst die Lust daran verliert. Übrigens kann auch ein nichtversteckter Gegenstand schwer zu finden sein, wenn er die gleiche Farbe wie der Hintergrund hat. Auch dabei übt sich das Kind im genauen Hinsehen und Vergleichen.

★ Wenn Ihr Kind schon sprechen kann, können Sie ein neues Versteckspiel veranstalten. Legen Sie hinter einen kleinen Schirm fünf Gegenstände, die es schon benennen kann, z. B. einen Ball, einen Keks, ein Spielzeugauto, einen Löffel und eine Puppe. Ihr Kind sitzt so, daß es die Dinge nicht sehen kann. Dann heben Sie jeweils

einen Gegenstand kurz in die Höhe, lassen ihn wieder verschwinden und fragen das Kind, was das war. Je schneller Ihr Kind im Laufe der Spielzeit die Gegenstände erkennt, desto kürzer heben Sie sie hoch. Wiederholen Sie das Spiel etwa alle 14 Tage mit immer neuen Dingen. Ihr Kind sollte jeweils wenigstens viermal richtig und nur einmal falsch raten (sonst heben und senken Sie den Gegenstand zu schnell).

Kreis, Quadrat und Dreieck sind Grundformen, die auch in der kindlichen Umwelt, bei Möbeln, Verpackungen usw., immer wieder vorkommen. Wenn Ihr Kind diese Formen genauer kennt, kann es leichter abstrahieren.

Ab 1;4 Jahren

★★★ Breiten Sie vor Ihrem Kind eine größere Anzahl von Gegenständen aus, die es gut kennt und die Sie in doppelter Ausführung besitzen, z. B. zwei Löffel, zwei leere Streichholzschachteln, zwei gleichfarbige Bauklötze. Dann mischen Sie die kleine Ansammlung durcheinander und heben ein Stück hoch. Das Kind soll nun möglichst schnell das zweite Exemplar davon heraussuchen. Wenn Ihr Kind etwa eindreiviertel Jahre alt ist, können Sie den Schwierigkeitsgrad ein wenig erhöhen. Nehmen Sie jeweils zwei Gegenstände, die zwar denselben Namen haben, sich aber in Größe oder Farbe unterscheiden – also etwa einen großen und einen kleinen Löffel, einen roten und einen blauen Bauklotz usw.

★ Spielen Sie mit Ihrem Kind das bekannte Kim-Spiel. Dazu legen Sie anfangs drei vertraute Gegenstände auf einen Stuhl, nehmen einen davon wieder weg und fragen Ihr Kind, was jetzt fehlt. Bei den ersten Versuchen wird es sicher noch nicht klappen. Loben Sie Ihr Kind sehr, wenn es sich zunehmend richtig erinnert. Bei diesem Spiel ist übrigens das „eidetische Phänomen" beteiligt: Ihr Kind „sieht" den fehlenden Gegenstand innerlich vor sich. Üben Sie das alle zwei Wochen, und erhöhen Sie allmählich die Zahl der Gegenstände bis auf fünf (am Ende des zweiten Lebensjahres).

Ab 1;7 Jahren

★★★ Nun kann Ihr Kind lernen, sechs Farben zu unterscheiden und zu bezeichnen: Gelb, Rot, Blau, Grün, Schwarz und Weiß.

- Malen Sie auf Schreibmaschinenpapier (DIN A 4) jeweils das gleiche Motiv (z. B. eine Blume oder ein Haus mit einem Baum) in einer anderen Farbe.
- Die „Farbe" Weiß zeigen Sie ihm auf einem dunkleren Hintergrund.
- Schließlich malen Sie ein Bild, bei dem Sie alle sechs Farben verwenden, ohne sie miteinander zu vermischen. Erklären Sie ihm daran die Farben, und erzählen Sie etwas über das Motiv.

Die Bilder können Sie in Augenhöhe im Kinderzimmer aufhängen und Ihrem Kind alle zwei Tage wieder erklären. (Wenn Ihr Kind die Seiten vor lauter Begeisterung abreißt, malen Sie eben neue!) Fragen Sie nach einigen Tagen auch: „Wo ist das rote Bild?"usw.

Ab 1;10 Jahren

★★ Wenn Ihr Kind die Farben Gelb, Rot, Blau, Grün, Weiß und Schwarz gut kennt und bezeichnen kann, malen Sie neue Bilder in den Farben Orange, Violett und Braun dazu. Bis zum Ende des zweiten Lebensjahres kann es bereits neun Farben unterscheiden.

★★ Führen Sie Ihrem Kind in jedem Monat einmal folgende Formen vor: einen Kreis, ein gleichseitiges Dreieck, ein Quadrat, ein Sechseck und drei unregelmäßige Formen (z. B. ein U, ein B und ein Y). Jede Form zeichnen Sie auf ein möglichst großes Stück Papier (sie sollte eine Fläche von etwa 60 × 60 cm bedecken). Entlang den Linien stellen Sie Bauklötze auf, um die Form deutlicher zu machen. Sie brauchen dazu nicht viel zu erklären – Ihr Kind soll diese Formen „erleben". Nach mehrmaligem Sehen wird es sich die Formen eingeprägt haben und von da an Formen und Umrisse ganz allgemein etwas genauer betrachten.

★ Sie können den Geschmackssinn bewußt anregen. Lassen Sie Ihr Kind kleine Mengen verschiedener Nahrungsmittel probieren. Reiben Sie vor den Augen Ihres Kindes ein Apfelviertel, und lassen Sie es davon kosten, drücken Sie aus einer Orange etwas Saft in einen Becher usw. Geben Sie ihm in dieser Weise jeden zweiten Tag eine kleine Geschmacksprobe (Birnen, Nüsse, Honig, Banane, Salzbrezel, Zuckerwürfel, verschiedene Keks- und Kuchenarten, Schokolade, Senf usw.). An besonders bitteren, salzigen oder sauren Dingen wird Ihr Kind natürlich nur kurz lecken. Sagen Sie ihm vorher jeweils, wie die Probe schmecken wird, damit es nicht enttäuscht wird.

★★ Schon im ersten Lebensjahr hat Ihr Kind viele Gerüche erfahren, ohne bewußt an Dingen zu „schnuppern". Jetzt sollten Sie es auf alle auffälligen Gerüche aufmerksam machen und es an Dingen riechen lassen: an Blumen, Cremedosen, Kochtöpfen, Bratpfannen mit leckerem Inhalt usw.

Ihr Kind sammelt Erfahrungen mit den Händen

Ab 1;0 Jahren

★★★ Geben Sie Ihrem Kind die Möglichkeit, mit seinen Händen sehr viele unterschiedliche Materialerfahrungen zu sammeln: an Wasser, Sand, Kieselsteinen, Erde, Badeschaum, zerknülltem Papier, Sägespänen, Holzwolle, Erbsen usw. Jedes Material fühlt sich anders an, und Ihr Kind wird dadurch feinfühliger. Setzen Sie sich auch oft zu ihm, und zeigen Sie ihm, was man mit einem bestimmten Material alles gestalten und spielen kann.

★ Stecken Sie in einen Beutel zwei verschiedene Dinge, z. B. einen Apfel und eine Banane. Nun soll Ihr Kind die Banane herausholen. Es wird versuchen, die richtige Frucht nur über das Tasten zu finden. Am nächsten Tag machen Sie das gleiche Spiel mit drei verschiedenen Früchten. Anstelle von Früchten können Sie später auch Spielsachen und andere Gegenstände nehmen, deren Form Ihrem Kind gut vertraut ist. Nach etwa drei Monaten stecken Sie vier Dinge in den Beutel. Es ist sinnvoller, das Kind bei jedem Spiel nur ein- oder zweimal (an drei Tagen pro Woche) suchen zu lassen.

Ab 1;4 Jahren

★★ Zeigen Sie Ihrem Kind, wo und wie man sich klemmen kann. Bei einem Schuhkarton beginnen Sie. Ihr Kind erfährt so, daß sich der Deckel nicht schließen läßt, wenn die Hand noch auf dem Kartonrand liegt. Probiert man es trotzdem, tut es ein bißchen weh. Dann erklären Sie ihm das gleiche an einer Schublade, dann an einer Türe. Zwicken Sie Ihre eigenen Finger ein wenig ein, und tun Sie dabei so, als wäre das ziemlich schmerzhaft. (Ihr Kind sollte das als „Ernst-Spiel" betrachten und die Gefahr tatsächlich erkennen.) Wiederholen Sie diese Übungen jeden Monat.

★★ Ebenso können Sie Ihr Kind jetzt schon auf die Gefahr der heißen Elektroplatte aufmerksam machen. Schalten Sie den Herd mehrmals kurz ein, und lassen Sie das Kind die verschiedenen Wärmegrade mitfühlen. (Prüfen Sie die Platte aber jeweils zuvor zur Sicherheit mit Ihrem Handrücken.) Auf diese Weise begreift es am besten, daß die Platte manchmal heiß und manchmal kalt sein kann und daß es daher vorsichtshalber seine Hände von der Platte fernhält. Eine derartige Erklärung wirkt viel besser als das Verbot: „Das darfst Du nicht anfassen!" Ein Kind sollte immer wissen, warum es etwas nicht anfassen darf!

Ab 1;7 Jahren

★★ Spielen Sie mit Ihrem Kind „Tauschen": Ihr Kind nimmt etwas in die Hand (Spielzeug oder einen Gegenstand aus dem Haushalt) und Sie ebenfalls. Dann sagen Sie: „Gib mir bitte den Ball, Du bekommst von mir die Ente!" Wenn der Austausch geklappt hat, tauschen Sie noch einige Male. Wichtig ist bei diesem Spiel, daß Sie Ihrem Kind den Gegenstand (z. B. die Spielzeugente) jedesmal anders reichen: mal mit dem Kopf zuerst, mal mit der Unterseite usw. So lernt Ihr Kind, seine Hand an die jeweils angebotene Form anzupassen; es wird beweglich mit den Fingern. Tauschen Sie zwischen-

Immer noch sind Tastempfindungen die unmittelbarsten Erfahrungen. Bestimmte Eigenschaften eines Gegenstandes, wie rauh, glatt, hart, weich, kühl, warm usw., lernt das Kind nicht durch Betrachten, sondern indem es mit den Dingen hantiert.

durch auch Dinge mit Griff: Telefonhörer, Löffel, Tasse usw.

★★★ Ein anderes Spiel ist „Umfüllen". Sie brauchen dafür drei Töpfe und Erbsen, Bohnen, Sand oder ähnliches. Ein Topf ist gefüllt, die beiden anderen sind leer. Einmal greift Ihr Kind in den vollen Topf und nimmt sich etwas für seinen eigenen Topf heraus, einmal Sie, bis der eine Topf leer ist. Zum Schluß können Sie „das Material" noch auf einen Lastwagen

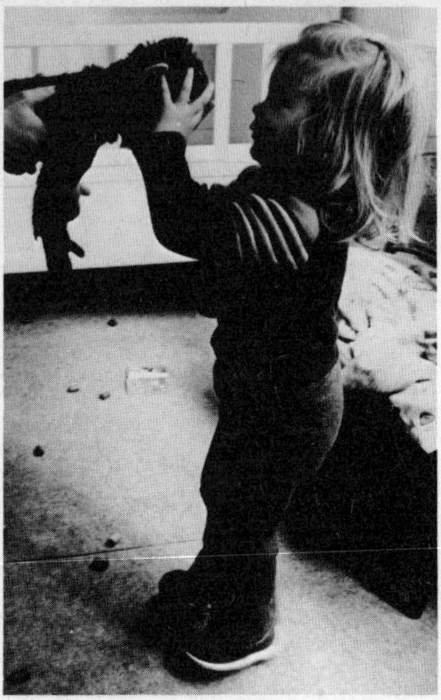

laden und auf dem Balkon oder der Terrasse herumfahren. Spielen Sie „Umfüllen“ etwa alle 14 Tage einmal mit Ihrem Kind.

Mit jedem Handgriff übt ein Kind die Feinmotorik, die Koordination der Muskelgruppen und das Zusammenspiel zwischen Auge und gezielten Bewegungen. Das Kind paßt sich dem Gegenstand und der Art, wie er übergeben wird, mit seinen Handlungen an und gewinnt dabei an Flexibilität.

Ab 1;10 Jahren

★★ Zeigen Sie Ihrem Kind, daß es für bestimmte Tastempfindungen Wörter gibt, z. B. weich, hart, glatt, rauh, warm, kalt usw. (Den Begriff „heiß“ hat es vermutlich lange vorher schon kennen- und verstehen gelernt.) Lassen Sie es jeweils an mehreren Beispielen fühlen, was mit dem betreffenden Adjektiv gemeint ist: ein weiches Kissen, ein weicher Ball, ein weiches Fell usw. Demonstrieren Sie ihm auch, daß Wasser sowohl warm als auch kalt, ein Ball weich oder hart sein kann.
★ Wenn Sie merken, daß Ihr Kind schon etwas bewußter die Oberfläche von Gegenständen abtasten kann, stellen Sie ihm folgende Aufgabe: Zeigen Sie ihm seinen Trinkbecher (oder den Stuhl, den Tisch, die Couch usw.), und zeichnen Sie dann in der Luft die Umrisse des Gegenstandes nach. Ihr Kind wird versuchen, den Gegenstand ebenfalls nachzuformen.
Diese Aufgabenstellung löst bei Ihrem Kind vermutlich die Bereitschaft aus, die Wahrnehmung über das Tasten zu intensivieren und entsprechende Reize mehr zu beachten.

Töne und Geräusche begeistern Ihr Kind

Ab 1;0 Jahren

★★★ Singen Sie Ihrem Kind möglichst jeden Tag ein paar Lieder vor. Nehmen Sie es dabei auf den Schoß, oder setzen Sie sich neben es, während es spielt. Die Liedertexte sind weniger wichtig, es kommt in erster Linie darauf an, daß Ihr Kind im Aufnehmen akustischer Reize, durch die Melodie, angeregt wird. Nach einiger Zeit wird es versuchen mitzusingen. Dabei übt das Kind seine Ausdrucksfähigkeit und seine Stimme. Es erfährt, daß Singen eine Sache des ganzen Körpers ist, und bekommt so allmählich ein Gefühl für Rhythmus. Am Ende des Jahres sollte Ihr Kind die Melodie und den Sprechrhythmus von etwa zehn Liedern gut kennen (was aber nicht heißt, daß es sie auch fehlerfrei sprechen kann!).
Hier einige Vorschläge:
- Alle meine Entchen ...
- Laterne, Laterne, Sonne, Mond und Sterne ...
- Alle Vögel sind schon da ...
- Kuckuck, Kuckuck, ruft's aus dem Wald ...
- Der Kuckuck und der Esel ...
- Es regnet, es regnet ...
- Wind, Wind, sause, der Mond ist nicht zu Hause ...
- A, a, a – der Winter, der ist da ...
- Meister Jakob, Meister Jakob ...
- Summ, summ, summ, Bienchen summ herum ...
- Hopp, hopp, hopp, Pferdchen lauf Galopp ...
- Ein kleiner Hund mit Namen Fips ...

Denken Sie beim Singen daran:
- Sprechen Sie die Worte deutlich aus.
- Singen Sie kräftig, aktiv, in bewegten Zeitmaßen.
- Erklären Sie Ihrem Kind den Inhalt des Liedes (es sollte deshalb weder kitschig noch grausam sein).
- Singen Sie nicht nur beim Spielen, sondern auch manchmal bei der Hausarbeit. So bekommt Ihr Kind mit, daß Musik keine „Ausnahmesituation" voraussetzt.
- Zeigen Sie Ihrem Kind, daß man beim Singen mitklatschen oder den Rhythmus auf einem Instrument oder durch Klopfen begleiten kann.
- Singen Sie bei sauerstoffhaltiger Luft, also im gut gelüfteten Zimmer.

★★ Weitere Anregungen für das Gehör bieten Schallplatten, Radio und Tonband. Durch die Auswahl der Musik prägen Sie übrigens den musikalischen Geschmack Ihres Kindes. Daher sollten Sie – um eine einseitige Prägung zu vermeiden – für ein breites Spektrum von musikalischen Eindrücken sorgen (Konzertmusik, Schlagermusik, Opern und Operetten, Musicals, Jazz, Popmusik).
Es genügt völlig, wenn Ihr Kind jeden Tag 10 bis 20 Minuten Musik hören kann. Ständige „Berieselung" sollten Sie jedenfalls vermeiden.

Ab 1;7 Jahren

★★ Wenn Sie Ihr Kind intensiv musikalisch fördern wollen, sollten Sie ihm schon jetzt auf einem Instrument etwas vorspielen. Kaufen Sie sich dazu eine Blockflöte, ein Glockenspiel, eine Clarina oder ein Xylophon, wenn Sie bisher noch nicht auf einem Instrument gespielt haben. Üben Sie jeden Tag fünf Minuten darauf. Dann

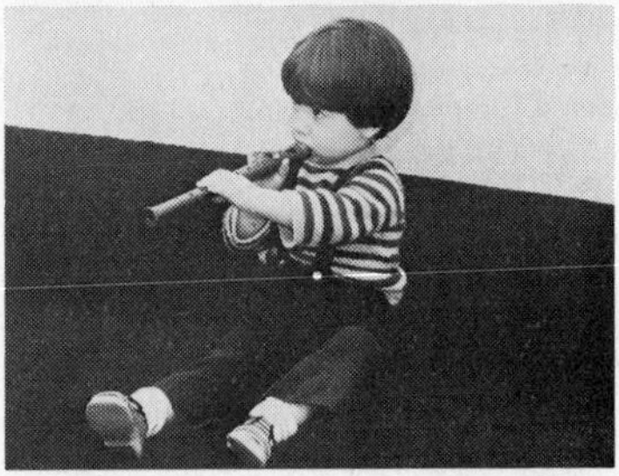

können Sie Ihrem Kind bald alle Lieder, die Sie sonst mit ihm singen, und auch andere kleine Musikstücke vorspielen.

★★ Auch Ihr Kind kann schon ein Instrument bekommen, z. B. eine Mundharmonika, eine Clarina, einen Triangel, Schellen oder eine Trommel. Spielen Sie abwechselnd mit ihm jeden Tag etwas darauf. Ihr Kind kann natürlich noch nicht nachspielen, was Sie ihm vorgespielt haben; es nimmt aber Ihre Anregung auf und verarbeitet sie auf seine Weise.

Ganz spontan drückt dieser Junge mit seinem Körper aus, was er bei der Musik empfindet (links oben).

Von jeder Handlung der Eltern (zumal wenn sie durch helle und laute Töne begleitet ist), geht ein starker Impuls zum Mitmachen aus. Der Junge hat die Flöte ergriffen und freut sich über den ersten selbsterzeugten Flötenton (rechts oben und unten).

Ab 1;10 Jahren

★ Veranstalten Sie alle 14 Tage oder einmal im Monat ein besonderes Geräuschkonzert mit Ihrem Kind, wenn es das mag. Die „Instrumente" dafür sind gefüllte und leere Dosen, Pappkartons, Kochtöpfe, Plastikschüsseln usw. Alle diese Dinge bauen Sie vor Ihrem Kind auf. Jeder nimmt einen Holzlöffel in die Hand – und dann klopfen Sie der Reihe nach auf alle Dinge, mal laut, mal leise, mal in schneller Folge und dann wieder langsamer. Auf diese Weise bekommt Ihr Kind ein gutes Gefühl für unterschiedliche Töne und Rhythmen. Wenn Ihr Kind aktiv mitspielt, können Sie ein wenig im Hintergrund bleiben und leiser „spielen", damit es sein eigenes Trommeln und Klopfen besser hört.

Mit jedem neuen Wort versteht Ihr Kind die Umwelt besser

Ab 1;0 Jahren

★★★ Hat Ihr Kind schon sein erstes deutlich erkennbares Wort gesagt? Oder warten Sie noch ungeduldig darauf? Erzählen Ihnen andere Mütter gleichaltriger Kinder, daß ihre Sprößlinge schon einige Wörter sprechen, wogegen Ihr eigener nur unverständliche Laute hervorbringt? Lassen Sie sich dadurch nicht verwirren. Jedes Kind lernt zu einem anderen Zeitpunkt sprechen, so wie jedes Kind zu einem anderen Zeitpunkt laufen lernt. Bedrängen Sie Ihr Kind auf keinen Fall, sondern geben Sie ihm vielmehr Gelegenheit, Wörter verstehen zu lernen.
Das bedeutet: Sprechen Sie sehr viel mit ihm. Reden Sie über alle Tätigkeiten, die Sie mit dem Kind ausüben. Erklären Sie ihm die Dinge, die es sieht und erlebt. Stellen Sie ihm Fragen, auch wenn Sie wissen, daß Sie darauf noch keine richtige Antwort erwarten können. Sagen Sie ihm, daß es jetzt gewickelt wird und frische Windeln bekommt, daß Sie es kämmen, daß Sie den Tisch decken, daß Sie dabei Teller, Löffel usw. auf den Tisch legen, daß Sie gleich mit ihm spazierengehen werden.
So hört Ihr Kind regelmäßig bestimmte Wörter und überrascht Sie eines Tages damit, daß es eines davon sagt.

● Die folgenden Regeln erleichtern es Ihrem Kind, Wörter zu verstehen und aussprechen zu lernen:

- Verwenden Sie immer wieder dieselben Wörter und Sätze, und zeigen Sie Ihrem Kind dabei, was gemeint ist.
- Reden Sie mit Ihrem Kind in einfachen, kurzen Sätzen.
- Erklären Sie ihm alles in einem liebevollen und freundlichen Ton (auch nach vielen Wiederholungen), aber nicht in singendem Kleinkindton.
- Benützen Sie bewußt alle Wortarten (Hauptwort, Tätigkeitswort, Eigenschaftswort, Verhältniswort usw.).
- Erläutern Sie ein selten gebrauchtes Wort durch bekannte Wörter.
- Sprechen Sie deutlich, betonen Sie gut.
- Bemühen Sie sich, präzis zu sprechen, das heißt, benützen Sie Wörter wie „machen“ oder „tun“ möglichst wenig, suchen Sie andere Ausdrücke.

Ab 1;4 Jahren

★★★ Sprechen und Zuhören gehören zusammen – diese Erfahrung soll Ihr Kind von Anfang an machen. Bemühen Sie sich, mit ihm Dialoge zu führen, auch wenn es nur unverständliche Silben spricht. Setzen Sie sich beim Spielen zu ihm, und warten Sie darauf, daß es Ihnen etwas zu sagen versucht. Gehen Sie dann ganz ernsthaft darauf ein, stellen Sie Fragen, wenn Sie etwas nicht gleich verstehen, sagen Sie „ja, gut“, „ja, du hast recht“ und ähnliches. Langsam werden Sie sich „einhören“, und dann beginnt das Gespräch zwischen Ihnen und Ihrem Kind richtig. Diese Dialoge sind unerläßlich, wenn Sie das Kind voll als Partner und Persönlichkeit akzeptieren wollen. Auf kaum einem anderen Gebiet können Sie ihm so gut zeigen, wie gern Sie es haben. Ein Kind, das selten das Gefühl hatte, daß jemand ihm ernsthaft zuhört, wird es später schwer haben, mit anderen Menschen Kontakt zu finden oder deren Probleme ernst zu nehmen.

Ab 1;7 Jahren

★★ Sprachforscher und Psychologen haben festgestellt, daß Kinder im ersten und zweiten Lebensjahr in fast allen Ländern die gleichen bzw. ähnliche Laute aussprechen. In den verschiedenen Sprachen werden dann unterschiedliche Laute beibehalten bzw. neue hinzugefügt (die von den Eltern vorgesprochen werden). Wir haben eine Liste von Wörtern zusammengestellt, die die wichtigsten Laute unserer Sprache enthalten. Machen Sie Ihr Kind nach und nach mit diesen Wörtern vertraut. Sie bilden einen guten Grundwortschatz. Am Ende des zweiten Lebensjahres sollte es etwa diese Wörter verstehen und viele davon auch schon sprechen können.

• Hauptwörter:

Abend	Apfel	Arm	Ast
Auge	Auto	Bach	Ball
Bär	Baum	Bein	Bett
Blatt	Blume	Brot	Buch
Butter	Doktor	Ei	Eimer
Eis	Feld	Fenster	Fleisch
Frau	Gabel	Garten	Glas
Gras	Gummi	Hand	Hase
Haus	Haut	Himmel	Holz
Hose	Hund	Hut	Igel
Kern	Kind	Kuchen	Leder
Licht	Loch	Maler	Mama
Mann	Maus	Messer	Milch
Mond	Mund	Mutter	Name
Nase	Ohr	Oma	Opa
Papa	Post	Puppe	Rad
Radio	Regen	Rose	Rutsche
Sachen	Sack	Saft	Sand
Schere	Schiff	Schirm	Schlitten
Schnee	Schuh	Sonne	Stein
Stern	Stuhl	Tag	Tasche
Tasse	Teller	Tisch	Tuch
Türe	Tüte	Uhr	Vater
Vogel	Vögel	Wald	Wand
Wasser	Weg	Wiese	Wind
Wolke	Wurst	Zahn	Zug

• Zeitwörter:

baden	bauen	essen	fangen
finden	geben	graben	haben
heben	helfen	holen	hören
kaufen	kochen	kommen	können
lächeln	lachen	laufen	legen
machen	malen	öffnen	rennen
rufen	sagen	schlafen	schneiden
sein	singen	spielen	suchen
tun	waschen	weinen	zeigen

• Eigenschaftswörter:

blau	fein	gelb	grün
gut	hell	hoch	kalt
klein	lang	naß	neu
rot	rund	schwer	voll
warm	weich	weiß	weit

• andere Wörter:

alle	am	an	auf
aus	da	das	dein
dem	den	der	dich
die	du	ein	für
heim	her	heute	ich
ihn	im	in	ja
kein	mein	nein	nicht
oben	oder	schon	so
über	um	und	uns
vor	warum	was	wer
wie	wir	wo	zu

★★★ Reden Sie mit Ihrem Kind nicht in der Babysprache, sondern in der normalen Umgangssprache. Ein Hund heißt nicht „Wau-wau“, sondern ist ein Tier mit einem bestimmten Namen – aber er bellt „wau-wau“. Gewöhnen Sie sich auch nicht an, falsch ausgesprochene Wörter Ihres Kindes in Ihren eigenen Wortschatz zu übernehmen, weil sie so „putzig“ klingen. Sie erschweren es ihm dadurch, rechtzeitig aus den Babyschuhen herauszuwachsen.

★★ Schreiben Sie kleine Geschichten auf, die Ihr Kind selbst erlebt hat, und lesen Sie sie ihm dann alle zwei, drei Tage vor. Einige Themenvorschläge: ein Spaziergang, ein Erlebnis mit dem Nachbarskind, ein Erlebnis mit dem Vater, ein „Einkaufsbummel“ usw. Schreiben Sie diese Geschichten so nieder, wie Sie sie auch sonst erzählen würden (also nicht in einer künstlichen Form). So erlebt Ihr Kind Ihren persönlichen Sprachstil und Wortschatz nicht nur beim Reden, sondern auch bei einer Geschichte, die es immer wieder im gleichen Wortlaut hören kann. Das wiederholte Vorlesen regt außerdem seine Gedächtnisleistung an.

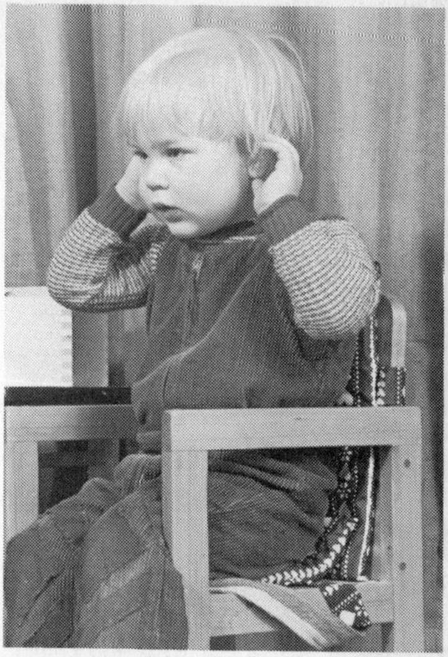

Wer genau zuhört, bemerkt mehr. Was mag wohl die Aufmerksamkeit des Jungen fesseln, ein Geräusch, ein Glockenklang, ein Gespräch im anderen Zimmer?

Das können Sie leicht selbst tun: ein Bild malen und einen kurzen Text dazu erfinden. Lesen Sie ihn mehrmals wieder vor, damit Ihr Kind durch die Wiederholungen bestimmte Wörter und Satzstrukturen kennenlernt (unten).

Ab 1;10 Jahren

★★★ Eine Grundvoraussetzung für eine günstige Sprechentwicklung Ihres Kindes ist es, daß Sie in ihm die Freude am Sprechen erwecken und fördern. Bemühen Sie sich nicht, ihm jetzt schon vollständige oder sogar grammatisch richtige Sätze einzutrichtern. Freuen Sie sich vielmehr über jeden Sprechversuch, und zeigen Sie Ihrem Kind, daß Sie ihm gern zuhören und es verstehen wollen. Falsch ausgesprochene Wörter dürfen Sie nicht ständig korrigieren. Wenn Ihr Kind beispielsweise seine Schuhe herbeiträgt und sagt „Du!“, so verbessern Sie nicht: „Das heißt nicht Du, sondern Schuh.“ Sagen Sie z. B. statt dessen: „Das ist prima, daß Du Deine Schuhe geholt hast! Ich ziehe Dir die Schuhe gleich an, dann gehen wir spazieren!“

● Wenn in Ihrer Familie fast nur Dialekt gesprochen wird, sollten Sie sich nicht zwingen, mit Ihrem Kind hochdeutsch zu sprechen. Ihre Sprache würde hölzern und unecht wirken, und das wäre ungünstiger als die natürliche Rede im Dialekt. Erst vom vierten oder fünften Lebensjahr an ist es nötig, daß Ihr Kind auch die Schriftsprache erlernt. Bis zu diesem Zeitpunkt ist es wichtig, daß es einen großen Wortschatz erwirbt, richtige Sätze bilden kann und Freude an der Unterhaltung gewinnt.

★★★ Wir haben hier eine kleine Auswahl von Kinderreimen zusammengestellt, die Sie Ihrem Kind immer wieder aufsagen sollten, sooft es ihm gefällt. Dabei übt Ihr Kind sein Gedächtnis und seine Vorstellungskraft, und es lernt nach und nach, wie man Sätze bildet. Aufsagen – das heißt nicht steif rezitieren! Lassen Sie dabei Ihr Kind auf Ihren Knien reiten, tanzen Sie mit ihm im Kreis herum, sprechen Sie die Reime in einem schwingenden Rhythmus. (Voraussetzung: Sie müssen die Reime auswendig können!)

Hopp, hopp, hopp

Hopp, hopp, hopp,
Pferdchen, lauf Galopp
über Stock und über Steine,
brich dir aber nicht die Beine.
Hopp, hopp, hopp,
Pferdchen, lauf Galopp!

Hopp, hopp, ho,
das Pferdchen frißt kein Stroh.
Muß dem Pferdchen Hafer kaufen,
daß es kann im Trabe laufen.
Hopp, hopp, ho,
das Pferdchen frißt kein Stroh!

Mein Hund

Vier Beine und zwei Ohren,
zwei Augen kugelrund
und eine spitze Schnauze,
die hat mein kleiner Hund.

Er hat auch scharfe Zähne,
schau ihn nur richtig an:
Ganz hinten sitzt das Schwänzchen,
damit er wedeln kann!

Rätsel

Der erste ist dick,
der zweite ist schlank,
der dritte ist lang,
der vierte ist schick,
der fünfte ist klein.
Was mag das sein?

Schlaf, Kindlein, balde!

Schlaf, Kindlein, balde!
Die Vöglein fliegen im Walde,
sie fliegen den Wald wohl auf und nieder
und bringen dir den Schlaf bald wieder.
Schlaf, Kindlein, balde!

Das ist der Daumen

Das ist der Daumen,
der schüttelt die Pflaumen,
der liest sie auf,
der trägt sie nach Haus,
und der Kleine
ißt sie ganz alleine.

Mama, Papa

Mama,	Stirn,
Papa,	linke Wange,
hungrig	rechte Wange,
bin ich	Kinn,
Wo?	Nase,
Da!	Mund werden nacheinander mit dem Zeigefinger berührt, zum Schluß wird ein Stück Keks in den Mund geschoben.

Heile, heile Segen

Heile, heile Segen,
drei Tage Regen,
drei Tage Schnee:
jetzt tut's nimmer weh!

Abends gehn wir schlafen

Abends geht das Schwein zur Ruh,
und es kneift die Augen zu,
wühlt sich tief hinein ins Stroh,
grunzt und schnarcht vergnügt und froh.

Abends gehen auch zur Ruh,
Gnu und Kuh und Marabu.
Ach, schon schläft der ganze Zoo:
Elefanten, Pfau und Floh.

Abends geht mein Kind zur Ruh.
Mutter macht das Fenster zu.
Kindchen schläft genauso froh,
wie der Elefant im Zoo.

Backe, backe Kuchen

Backe, backe Kuchen,
der Bäcker hat gerufen!
Wer will guten Kuchen backen,
der muß haben sieben Sachen:
Eier und Schmalz,
Butter und Salz,
Milch und Mehl,
Safran macht den Kuchen gehl.
Schieb, schieb, in'n Ofen 'nein!

Die Schnecke

Übern Waldweg kriecht sehr scheu
meine kleine Schneck',
trägt ein Häuschen, fast wie neu,
weiß und ohne Dreck.
Schnicke, schnacke,
schnicke, schnacke,
Schneck'!
Kriecht die Schnecke
um die Ecke,
ist die Schnecke weg.

Kriecht ins Häuschen, wird es kühler,
kommt nicht mehr heraus.
Hat zwei kleine, zarte Fühler
und kein großes Haus.
Schnicke, schnacke,
schnicke, schnacke,
Schneck'!
Kriecht die Schnecke
um die Ecke,
ist die Schnecke weg.

Ich geh' mit meiner Laterne

Ich geh' mit meiner Laterne
und meine Laterne mit mir.
Dort oben leuchten die Sterne,
hier unten leuchten wir.
Mein Licht ist aus,
ich geh' nach Haus.
Rabimmel, Rabammel, Rabumm!

Denken und Kreativität wachsen im Spiel

Ab 1;0 Jahren

★★ Wechseln Sie den Spaziergang gelegentlich so ab, daß das Kind seine Wohnumgebung recht gut kennenlernt. Gehen Sie beispielsweise an zwei Tagen jeder Woche genau denselben Weg, an einem anderen Tag regelmäßig einen zweiten Weg und an den übrigen Tagen völlig unterschiedliche Wege. Durch diese Regelmäßigkeit wird Ihr Kind mit diesen Straßen vertraut, stellt bestimmte Erwartungen, überprüft diese Erwartungen und beachtet immer wieder neue Dinge. Bei den wiederholten Erfahrungen festigen sich seine Einstellungen, Begriffe und Denkweisen, mit den neuen Erlebnissen erweitern Sie seinen Horizont und regen das kreative Denken an.

★★★ Sprechen Sie mit Ihrem Kind zwischendurch über die Ziele, die Sie bei einem Spaziergang ansteuern. Zunächst sollten Sie nur von Dingen reden, die es auch voraussehen kann, die also nicht weiter als 50 oder 100 Meter entfernt liegen. Nach etwa zwei Monaten können Sie Ihr Kind auch schon auf entferntere Ziele neugierig machen, z. B. so: „Gleich kommen wir zur Verkehrsampel und dann zu der gelben Telefonzelle." Bei der Telefonzelle reden Sie dann von den beiden nächsten Zielen.

Im nächsten Jahr können Sie dann schon einen kompletten Spazierweg vorher beschreiben (natürlich nicht jedesmal, sonst wird Ihrem Kind das zu langweilig).

★★ Unternehmen Sie jeden Tag eine kleine Entdeckungsreise mit Ihrem Kind, bei der es Anregungen zum Nachdenken erhält:

– Zeigen Sie ihm, daß Bäume unterschiedliche Blätter haben, indem Sie ihm vier gleich große Blätter (etwa von einem Kastanienbaum) und ein anderes Blatt (z. B. von einer Buche) zum Betrachten und Vergleichen geben.
– Nehmen Sie einen kleinen Ast mit drei bis sechs Verzweigungen mit nach Hause und lassen Sie Ihr Kind einige Zeit damit spielen. Dann fahren Sie mit Ihrem Zeigefinger von der Bruchstelle bis zur Zweigspitze. Legen Sie den Ast auf ein großes Stück Papier und zeichnen Sie mit einem Stift seine Konturen nach. Ihr Kind kann dabei Zweig und Zeichnung vergleichen und versuchen, den Zweig richtig auf die Zeichnung zu legen.
– Pflücken Sie in den Frühlings- und Sommermonaten jede Woche einen anderen kleinen Blumenstrauß, und zwar in dieser Zusammenstellung: einmal zehn Blumen der gleichen Sorte (z. B. Gänseblümchen), in der nächsten Woche nur fünf Blumen dieser Sorte und fünf einer anderen Sorte, darauf einen Strauß mit zehn verschiedenen Blumenarten. Ihr Kind vergleicht diese Blumen und beobachtet sie in der Vase.

Ab 1;4 Jahren

★★★ Leiten Sie Ihr Kind immer wieder dazu an, zwischen zwei oder sogar drei Dingen zu wählen. Zeigen Sie ihm z. B. einen Keks, ein Stückchen Brot und ein Apfelviertel. So lernt es, seine Wünsche selbst zu erkennen, sich eine Meinung zu bilden und für Entscheidungen einzustehen. Vielleicht will es anfangs alle drei Dinge oder keines davon. Doch nach und

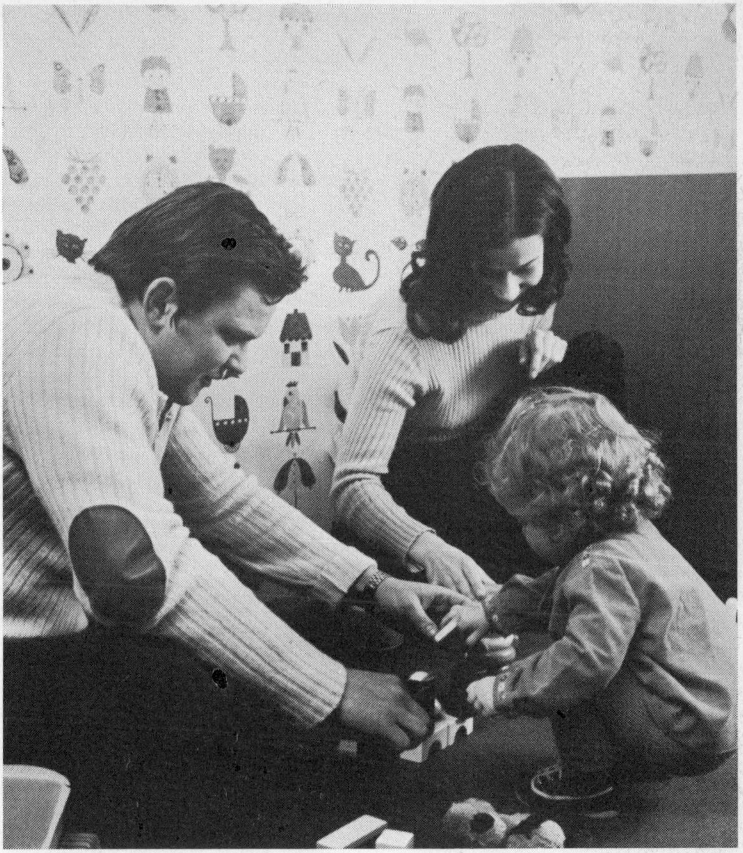

Beim Bauen entwickeln sich grundlegende Denkoperationen, insbesondere das Umgehen mit Raum-, Mengen- und Gewichtsvorstellungen.

nach versteht es immer besser, was Sie mit Ihrer Frage meinen. Bei der Auswahl werden wichtige Denkvorgänge verlangt: Das Kind muß sich an den Geschmack der vorgelegten Dinge erinnern, es muß sie sogar „im Kopf" vergleichen und aus dieser Überlegung heraus eine Entscheidung treffen.

Sie sollten es täglich vier- bis sechsmal vor solche Aufgaben stellen: Welche Socken willst Du heute anziehen? Was möchtest

Du trinken? Womit möchtest Du spielen? Die Auswahl der Hauptmahlzeit oder der richtigen Schuhe (zum Spazierengehen oder beim Schuhkauf) können Sie Ihrem Kind natürlich noch nicht überlassen, denn hierzu besitzt es noch zu wenige Bewertungsmaßstäbe.

Ab 1;7 Jahren

★★★ Besonders wichtige und vielseitige Anregungen für das Denken erhält Ihr Kind beim Bauen. Kaufen Sie ihm einen Baukasten, dessen Holzklötzchen entweder alle gleich groß sind oder drei bis fünf verschiedene Typen enthalten. Wichtig ist, daß die Steine in ihren Abmessungen aufeinander abgestimmt sind, damit das Kind „Passungen" erfahren kann. Am günstigsten sind Bauklötzchen mit Seitenlängen im Verhältnis 1:2:4.
Das Kind erlebt eine Vielzahl von Denkanstößen, es kann die Steine miteinander vergleichen, sie in neue Beziehungen zueinander setzen, alle ihre Möglichkeiten ausprobieren, sich kreativ betätigen. Außerdem werden noch andere Fähigkeiten und Antriebe angeregt und erweitert: Tasten, Wahrnehmen, Fühlen, die Koordination von Auge und Hand, Sicherheit im Greifen, ruhige Handführung, Forschungsdrang, Freude über Erfolge, die Bewältigung von Mißerfolgen.
Setzen Sie sich zu Ihrem Kind auf den Boden, und spielen Sie mit seinen Klötzen. Bauen Sie zunächst nur Figuren und Dinge aus zwei bis vier Teilen, nehmen Sie sie wieder auseinander, und beginnen Sie von neuem. Erwarten Sie nicht, daß Ihr Kind Ihnen gleich eifrig nachbaut. Vielleicht sieht es Ihnen nur zu, vielleicht stößt es begeistert Ihren Turm wieder um. Trotzdem wird es sich die Figur einprägen. Einige Tage später können Sie vermutlich beobachten, daß es nachahmen

will. Sie brauchen ihm also gar keine Anleitung im einzelnen zu geben. Das würde Ihr Kind in seinem Verhalten zu stark einengen. Leiten Sie es nur durch Ihr eigenes Tun an, verschiedene Bauwerke durchzuprobieren. Wenn es dann schon sicherer im Umgang mit den Bausteinen ist, erfindet es auch eigene Variationen. Zunächst braucht es jedoch Ihre Anregung, zumal es nicht voraussehen kann, wie interessant das Bauen mit den Klötzchen ist. Erst wenn ihm das Ziel deutlich vor Augen schwebt, wird es sich dafür begeistern. Wenn Ihr Kind in einer bestimmten Phase besonders gern mit den Bauklötzen spielt, sollten Sie entsprechend häufiger mitspielen. Sonst genügt es, wenn Sie sich etwa alle acht Tage längere Zeit damit beschäftigen. Machen Sie auch dann regelmäßig weiter, wenn Ihr Kind bei den ersten Spielangeboten noch nicht darauf einzugehen scheint.

★★★ Eines unserer wichtigsten Hilfsmittel beim Denken ist die Fähigkeit zu erkennen, daß manche Dinge einander gleich sind und warum sich andere unterscheiden. Spielen Sie das Ihrem Kind mit seinen Bauklötzen vor. Schütten Sie alle Klötze auf den Boden, und bilden Sie dann drei bis fünf unterschiedliche Gruppen. Bei einem Stoß dürfen nur ganz gleiche Steine liegen (farb- und formgleich). Was Sie nicht in den drei oder fünf Gruppen unterbringen können, wird weggelegt. Sie brauchen dabei gar nicht

Legen Sie mit Spielsachen oder anderen Gegenständen eine Schnecke oder Schlange. Vorne kommen die großen, hinten die kleinen Teile. Ihr Kind erkennt dabei feine Abstufungen (links).

Der Weg ins Freie führt durch die Tür – diese öffnet man mit der Türklinke. Seine Überlegungen setzt das Kind hier mit Hilfe der Mutter in die Tat um (rechts).

viel zu erklären – Ihr Kind wird das Spiel sehr schnell begreifen und mitsortieren wollen. Erst wenn es bei dem dritten oder vierten Versuch (jeweils in Wochenabständen) immer noch nicht mitspielt, sollten Sie es direkt dazu einladen: „Schau her! Hier sind die langen Bausteine, hier die dicken und dort die kurzen. Wohin gehört dieses Klötzchen?" Es genügt, wenn Ihr Kind zunächst drei Steine einordnen kann. Im Laufe des nächsten Vierteljahres wird es sicher alle Steine richtig unterbringen wollen. Beenden Sie jedes Spiel mit einem kleinen Bauwerk, bei dem Sie nur eine Klötzchenart verwenden.

Ordnen Sie in gleicher Weise nach gleichen und ungleichen Teilen:

- Geschirr (Tassen, Untertassen, Suppenteller),
- Blätter (Birkenblätter, Eichenblätter, Ahornblätter),
- Socken (rote, blaue, gelbe),
- Obst (Äpfel, Orangen, Birnen, Bananen),
- Kleidung (Hemden, Pullover, Hosen).

Schwierigere Einteilungen, etwa nach mehr als vier Gruppen oder nach „gleichen Portionen" (von jedem Typ ein Stück), sollten Sie im zweiten Lebensjahr noch nicht versuchen.

Ab 1;10 Jahren

★★ Schon im ersten Lebensjahr haben Sie Ihrem Kind einige Situationen gezeigt, in denen es Ursache und Wirkung deutlich beobachten konnte. Geben Sie ihm auch in diesem Jahr möglichst viel Gelegenheit dazu. So lernt es, Zusammenhänge zu verstehen, und macht außerdem noch Erfahrungen mit Zeitabläufen. Lassen Sie Ihr Kind wiederholt bei folgenden Situationen zusehen:

- Wenn man den Wasserhahn aufdreht, fließt Wasser; beim Zurückdrehen fließt es nicht mehr; es kann wenig und viel Wasser aus der Leitung fließen; manchmal ist das Wasser warm, manchmal kalt. An welchem Hahn muß man drehen, damit kaltes Wasser fließt? Bei welchem Hahn muß man vorsichtig sein, weil heißes Wasser herauskommt? (Ihr Kind sollte dabei die Hähne auch häufig selbst bedienen. Stellen Sie einen Stuhl vor das Waschbecken, damit es an die Hähne heranreicht.)
- Wenn man einen kleinen Ball aus geringer Höhe ins Wasser plumpsen läßt, spritzt es nur wenig, aus großer Höhe dagegen sehr.
- Was passiert, wenn eine Kerze ausgeblasen wird? Zuerst flackert sie, bei stärkerem Blasen verlöscht sie. (Warnen Sie Ihr Kind dabei auch vor der Hitze der Flamme. Zeigen Sie ihm aber nicht, daß man mit der Kerze z. B. auch Papier anzünden kann.)
- Binden Sie eine Schnur an einer Schachtel fest, und zeigen Sie Ihrem Kind dann einige Dinge, z. B. daß man die Schachtel heranziehen kann, daß man gleichmäßig oder ruckartig ziehen kann, daß die Schnur manchmal straff ist und manchmal durchhängt, daß Möbelecken die Schachtel aufhalten und daß die Schachtel an der Schnur in die Höhe gehoben werden kann.
- Gehen Sie mit Ihrem Kind im Regen spazieren. Zeigen Sie dabei, daß ein Schirm vor den Tropfen schützt, wie man ihn bei Windstößen halten muß und ob er hoch oder niedrig getragen werden muß.
- Zeigen Sie Ihrem Kind, was man alles mit Sand spielen kann (Mulden und Hügel formen, „Kuchen backen"), wie man ihn mit der Hand oder einem Brettchen glattstreicht und wie der Sand die aufgedrückte Form behält.

Was Ihr Kind jetzt wissen will

Ab 1;0 Jahren

★★ Nehmen Sie sich einmal im Monat die Zeit, mit Ihrem Kind all seine Spielsachen anzusehen und ein wenig über sie zu sprechen:

- Stellen Sie die Spielsachen so nebeneinander auf, daß Sie eine kleine Geschichte erzählen können, in der alle Dinge der Reihe nach vorkommen. Legen Sie nacheinander jeden Gegenstand weg, oder geben Sie ihn Ihrem Kind in die Hand. (Manchmal können Sie die Geschichte auch richtig durchspielen.) Erwähnen Sie jeweils den Namen und eine besondere Eigenschaft des Gegenstandes. Ein Beispiel: „Der dicke Brummbär geht auf den Spielplatz. Er nimmt den kleinen roten Ball mit und spielt damit Fußball. Da kommt der Hund Struppi herbeigelaufen und wakkelt mit den Ohren . . ."
- Helfen Sie Ihrem Kind, neue Spielmöglichkeiten an einem vertrauten Gegenstand zu entdecken, die es dann auch auf andere Dinge übertragen kann. Wenn Sie beispielsweise einmal ein Huhn gackern lassen, läßt Ihr Kind vielleicht später den Hund bellen!
- Zeigen Sie Ihrem Kind, wie sich Tiere und Puppen unterhalten können. Nehmen Sie dazu in jede Hand ein Tier, und bewegen Sie jeweils das, welches gerade spricht. Diese kleinen Unterhaltungen sollten aus Wörtern und Sätzen bestehen, die Ihr Kind schon kennt und versteht.

★★ Ihr Kind sollte in diesem Jahr die ganze Wohnung sehr genau kennenlernen. Veranstalten Sie ab und zu regelmäßige Erkundungsgänge. Von jedem Zimmer kehren Sie wieder an die Stelle im Flur zurück, von der aus Sie die Reise begonnen haben. Gehen Sie in den Zimmern gemeinsam an den Wänden entlang, und betrachten Sie zusammen, was man von den einzelnen Ecken aus sehen kann. So erhält Ihr Kind ein Gefühl für die unterschiedlichen Blickwinkel. Nehmen Sie es auch einmal mit in den Keller oder auf den Dachboden. Nach vier bis fünf Rundgängen kennt sich Ihr Kind dann schon gut in seinem Zuhause aus. Es fühlt sich nunmehr in einem größeren Bereich sicher und bekommt ein solides Bezugssystem, von dem aus es seine Ausflüge und Spaziergänge starten kann. Für seine geistige Orientierung sind die Begriffe „vertraut" und „unbekannt" grundlegend wichtig. Nach einiger Zeit weiß Ihr Kind dann auch genau, was Sie mit der Ankündigung meinen: „Wir gehen jetzt in die Küche!" Und wenn Sie noch dazu sagen, was dort geschehen soll („Du bekommst ein Brot mit Marmelade"), läuft es sicher voraus und „zeigt" Ihnen den Weg.

★★ Es würde zu weit führen, wenn wir einzelne Wohnsituationen behandeln würden und die entsprechenden Anregungen dazu geben wollten. Deshalb sprechen wir hier nur von den häufigsten Räumen, die Ihr Kind genau kennenlernen sollte:

- Wohnzimmer: Erklären und zeigen Sie die Funktion der einzelnen Einrichtungsgegenstände. Lassen Sie es aus dem Fenster schauen. Machen Sie es auf Gefahrenquellen aufmerksam. Zeigen Sie aber nur Dinge, die es nachahmen darf.
- Badezimmer: Ihr Kind lernt Waschbekken, Badewanne, Toilette, Dusche, Handtücher, Kleiderhaken, die Bedie-

nung der Hähne, den Ablauf der morgendlichen Wäsche und Pflege der Eltern kennen. Es macht möglichst oft alle Handlungen mit und gewöhnt sich dabei an selbständiges Verhalten und an den Umgang mit dem eigenen Körper. Zeigen Sie ihm auch, wie Sie die Toilette gebrauchen und wozu die einzelnen Gegenstände gebraucht werden. Das führt Ihr Kind zugleich einen Schritt weiter bei der Sauberkeitserziehung (ab 18. Monat).

– Abstellraum: Diese Kammer ist natürlich eine herrliche Fundgrube für Ihr Kind. Es möchte sich mit allen Gegenständen beschäftigen und mit ihnen spielen. Räumen Sie daher die gefährlichen Sachen (Reinigungsmittel, Säuren, Sprays, Schuhputzmittel usw.) in die obersten Regale. Nehmen Sie bitte in Kauf, daß Ihr Kind die Abstellkammer einige Male auf den Kopf stellt – aber dann können Sie ihm auch zeigen, wie man sie wieder aufräumt.

Ab 1;4 Jahren

★★ Die Küche ist für Ihr Kind ein wahres Paradies für aufregende und interessante Entdeckungen. Es möchte alles kennenlernen und untersuchen, was es dort gibt. Sie sollten ihm das auch erlauben und nur die gefährlichen und zerbrechlichen Gegenstände (scharfe Messer usw.) außer Reichweite räumen.
Besonders anziehend ist auch der Besenschrank. Damit Ihr Kind die Funktion der einzelnen Geräte kennenlernt, lassen Sie sich am besten von ihm bei der Hausarbeit „helfen". Es darf zusehen, wie Sie mit dem Besen kehren (es bekommt inzwischen den Handfeger), es darf die Schaufel halten, wenn Sie die Schmutzhäufchen beseitigen. Beim Wischen bekommt es selbst auch einen kleinen Lappen und ein Gefäß mit Wasser.
Sagen Sie Ihrem Kind, wie die einzelnen Gegenstände heißen und was Sie damit tun. Ihr Kind soll möglichst gut erkennen können, welchen Sinn Ihre Tätigkeit hat: Zeigen Sie ihm den Kaffeefleck auf dem Boden, bevor Sie ihn aufwischen. Machen Sie es auf die sichtbaren Krümel auf dem Teppich aufmerksam, ehe Sie mit dem Staubsauger darüberfahren. Wenn Ihr Kind zunächst Angst vor dem Staubsauger hat, weil er so laut brummt, sollten Sie es langsam an dieses Geräusch gewöhnen und es nicht zwingen, näher an ihn heranzugehen. Halten Sie das Ende vor allem auch nicht direkt an Ihr Kind. Es denkt sonst, es würde genauso verschwinden wie die Brotkrümel! Erst mit drei oder vier Jahren können Sie es die Saugwirkung unmittelbar fühlen lassen. Zeigen Sie ihm jetzt auch noch nicht, wohin die Krümel wandern. Es will den Staubsauger sonst vielleicht selbst zerlegen – und das könnte eine recht staubige Angelegenheit werden! Lassen Sie Ihr Kind dagegen etwa alle 8 bis 14 Tage folgende Handlungskette verfolgen: Brotkrumen oder Eierschalen fallen vom Tisch. Sie sagen: „Komm, das kehren wir gleich wieder auf" und holen mit Ihrem Kind Schaufel und Besen. Dann tragen Sie die Krümel zum Abfalleimer und gehen damit zu den Mülltonnen. An einem anderen Tag können Sie es zusehen lassen, wie die Tonnen von der Müllabfuhr entleert werden. Versuchen Sie selbst, sich andere Handlungsketten auszudenken, damit Ihr Kind größere Zusammenhänge verstehen lernt.

Sicher sieht Ihr Kind Ihnen oft beim Geschirrspülen zu. Zeigen Sie ihm dabei, wie Sie seinen eigenen Trinkbecher oder den Kinderteller saubermachen, und erklären Sie ihm allmählich immer mehr Tätigkeiten, die zum Spülen gehören. Bald wird es ebenfalls mithelfen wollen. Geben Sie ihm dazu eine eigene kleine Spülschüssel mit Wasser, einem Lappen und unzerbrechlichem Geschirr.

Das gefällt Ihrem Kind: zuschauen, umrühren, probieren. Beteiligen Sie Ihr Kind oft an allen Tätigkeiten, damit es recht bald viel davon versteht.

★★★ Lassen Sie Ihr Kind möglichst oft zuschauen, wenn Sie das Mittagessen oder das Abendbrot zubereiten. Geben Sie ihm eine Mohrrübe oder ein Apfelstück in die Hand – dann hat es etwas zu tun und wartet außerdem nicht ungeduldig auf die bevorstehende Mahlzeit. Am besten ist es, wenn es beim Zuschauen so hoch sitzen kann, daß es alles gut überblickt, ohne daß ihm etwas passieren kann (z. B. auf einem Kinderhochsitz).

Zeigen Sie ihm,
- wo Sie die Zutaten herholen,
- welches Geschirr und welche Werkzeuge Sie benötigen (Messer, Löffel, Dosenöffner usw.) und was damit geschieht,
- wie die verschiedenen Zutaten gereinigt und zubereitet werden,
- wie Sie Dinge miteinander vermischen,
- wie die Speisen und Getränke in das Geschirr gefüllt werden, in dem sie auf den Tisch kommen,
- wie Sie die Sachen auf den Tisch stellen.

Etwa alle 8 bis 14 Tage sollten Sie sich soviel Zeit nehmen, daß Sie Ihrem Kind diese Tätigkeiten genauer erklären können. Sagen Sie auch immer die Namen der Dinge, die Sie verwenden. Ihr Kind wird sie zwar noch lange nicht alle nachsprechen, es prägt sie sich jedoch ein und versteht sie immer besser.

★★★ Eine andere Tätigkeit, die es schon jetzt kennenlernen kann, ist das Tischdekken. Wählen Sie als Beispiele natürlich nur Mahlzeiten, bei denen es nachher mitißt. Es darf zusehen, wie die Tischdecke auf den Tisch gelegt wird, wie das Geschirr herbeigetragen und aufgelegt wird, wie die Bestecke und anderen Zutaten verteilt werden. Lassen Sie Ihr Kind ruhig selbst ein paar Kleinigkeiten zum Tisch tragen und später beim Abdecken helfen. Wenn Sie merken, daß ihm diese Hilfe großen Spaß bereitet und es sicher mit dem Geschirr umgeht, können Sie ihm auch zerbrechliches Geschirr anvertrauen. Geben Sie ihm aber nur ein Stück, und tragen Sie deshalb in solchen Fällen auch nur ein Teil heraus. (Dann besteht Ihr Kind weniger darauf, viele Sachen auf einmal zu tragen.)

Wie schon beim „gemeinsamen" Kochen sollten Sie auch für diese gemeinsame Tätigkeit viel Zeit aufbringen. Wenn es schnell gehen muß und Sie in Eile sind, dann lassen Sie Ihr Kind besser bei einer anderen Beschäftigung und arbeiten al-

lein. Denn Sie müssen diese Tätigkeiten langsam vorführen, sonst versucht Ihr Kind, ebenfalls so flott wie Sie zu „arbeiten“ und erlebt dabei natürlich einige Mißerfolge.
Aber auch so wird es gelegentlich vorkommen, daß Ihr Kind einmal etwas fallen läßt oder daß etwas schiefgeht. Sagen Sie dann nicht zum Trost: „Das macht doch nichts!“ Es denkt dann, daß es wirklich nicht darauf ankommt, ob man aufpaßt oder nicht. Sagen Sie lieber: „Das kann jedem einmal passieren!“ – und räumen Sie zusammen mit Ihrem Kind die Scherben weg.

Ab 1;7 Jahren

★★ Im Verlauf des Spieltages ergibt es sich natürlich, daß im Kinderzimmer oder in der Spielecke Unordnung entsteht. Glauben Sie jedoch nicht, daß Sie Ihr Kind nur dadurch zur Ordnung erziehen können, daß Sie es jeden Abend zum Aufräumen zwingen. Was Sie damit erreichen, ist höchstens Pedanterie. Es genügt, wenn Sie einmal in der Woche zusammen mit Ihrem Kind alles aufräumen und zwischendurch nur die gröbste Unordnung beseitigen. Denken Sie daran, daß das Kind manche Sachen dort wiedersucht, wo es sie liegen ließ. Und wenn es sie nie dort findet, wird sein Gedächtnis weniger geschult, es hat den Eindruck, daß die Dinge „von selbst“ wieder an ihren Ausgangsort zurückwandern. Außerdem glaubt es, daß es etwas nicht richtig macht (weil Sie hinterher alles wieder verändern). Wenn Sie es mit der Ordnung zu genau nehmen, hat Ihr Kind gewiß bald keinen Spaß mehr daran, seine Sachen aufzuräumen. Machen Sie also einmal jede Woche richtig Ordnung, und leiten Sie Ihr Kind an, dabei nach Kräften mitzuhelfen. Alle Spielsachen müssen ihren festen Platz haben, und Ihr Kind muß diesen Platz kennen: die „Garage“ für die Autos, das Regal für die Puppen und Stofftiere, den Beutel für die Bauklötze usw. So wird es am ehesten versuchen, Sie beim Einräumen nachzuahmen.

★★★ Bei Ihren gemeinsamen Spaziergängen sollten Sie Ihr Kind auf möglichst viele Dinge und Tätigkeiten der Menschen aufmerksam machen. Sie können Ihre Erklärungen gar nicht oft genug wiederholen, denn erst nach vielen Wiederholungen hat es alles ganz genau verstanden und verarbeitet. Bis es dies alles selbst benennen und beschreiben kann, vergeht noch sehr viel Zeit. Aber denken Sie daran: Je früher Sie Ihrem Kind seine natürliche und soziale Umwelt interessant und „durchschaubar“ machen, desto sicherer kann es sich bald in ihr bewegen und sie bewältigen. Hier sind einige Anhaltspunkte:
- Erzählen Sie, wo Sie gerade mit dem Kinderwagen fahren (auf Gehwegen, der Fahrbahn, einem Parkweg).
- Sprechen Sie über das, was Sie sehen: Leute, die einkaufen, etwas verkaufen, auf einer Baustelle oder auf dem Feld arbeiten; Wohnblocks, Geschäfte, Schaufenster, Fabrik, Bauernhof, Rathaus, Brunnen, Feuerwehrhaus, Kirche; Tiere (Hunde, Katzen, Pferde, Enten, Spatzen, Schnecken); Gärten und Wiesen, Bäume, Sträucher, Hecken, Blumen, Gräser usw.
- Erzählen Sie Ihrem Kind möglichst viel

Entdeckungsreisen sollte ein Kind oft machen dürfen. Während die Eltern beobachtend aus einiger Entfernung zusehen (und mögliche Gefahren abwenden), kann es seinen Einfällen nachgehen, die Neugier befriedigen und seine Erfahrungen ergänzen.

über die Eigenschaften und die Bedeutung der Dinge, die es sieht. Wenn Sie beobachten, daß es eine Sache besonders aufmerksam betrachtet, sollten Sie noch genauer darauf eingehen und seine Neugier mit zusätzlichen Erklärungen befriedigen.
- Beschreiben Sie, welches Wetter gerade herrscht, und lassen Sie es Regen, Schnee oder sonnenwarme Steine berühren. Erklären Sie ihm, warum es wegen des Wetters eine bestimmte Kleidung anziehen muß.

Ab 1;10 Jahren

★★ Die meisten Dinge, mit denen wir täglich umgehen, sind mit viel Überlegung gestaltet worden. Wenn sich deshalb zwei Dinge stark unterscheiden, hat das gewöhnlich seinen guten Grund. Helfen Sie Ihrem Kind, diese Unterschiede zwischen den Gegenständen zu erkennen und zu verstehen. Das ist am einfachsten, wenn Sie zwei Dinge miteinander vergleichen. Erklären Sie Ihrem Kind im Lauf der Zeit die folgenden gegensätzlichen Begriffe (die Liste der einzelnen Beispiele läßt sich natürlich beliebig verlängern):
- groß/klein (Beispiele: großer Tisch, kleiner Tisch, großer Schlüssel, kleiner Schlüssel, großer Hund, kleiner Hund usw.);
- lang/kurz (Beispiele: Bleistift, Schnur, Ast, Finger, Ski, Zaun, Besenstiel usw.);
- dick/dünn (Beispiele: Brotscheibe, Wurst, Buch, Bauklotz, Brett, Kerze usw.);
- warm/kalt (Beispiele: Wasser, Ofen, Kuchen, Suppe, Kartoffeln, Toastbrot, Schuhe, Hände, Luft, Motor, Ventilator usw.);
- weich/hart (Beispiele: Brot, Ball, Puppe, Kissen, Bürste, weicher Sessel und harter Stuhl, weicher Schwamm und harte Seife, weiche Socken und harter Schuh usw.);
- süß/sauer (Beispiele: Apfel, Marmelade, Trauben, Kirschen, Birnen, Joghurt, süße Bonbons und saure Gurken, süße Schokolade und saure Salatsoße usw.);
- laut/leise (Beispiele: Singen, Sprechen, Pfeifen, Klatschen, Trampeln, Hupen, Musik, Glocke, Ton, Signal, Donner usw.);
- hell/dunkel (Beispiele: heller und dunk-

So spannend kann das Lernen sein: „Mutter und Vater führen mich zu allen schönen Dingen. Heute zeigen sie mir die Schwäne, gestern waren es ein Pferd, eine Kuh und ein Schwein . . .“

ler Raum, Tag und Nacht, Kerzen- und Lampenlicht, Autoscheinwerfer, Taschenlampe usw.);
- viel/wenig (Beispiele: Nüsse, Bonbons, Bausteine, Früchte, Wäscheklammern, Blumen, viele Schafe und wenige Hühner, viele Ameisen und wenige Marienkäfer usw.);
- rund/eckig (Beispiele: Bausteine, Dosen, Stab, Bilderrahmen, Schachtel, Verkehrsschild, Stein, Kissen usw.).

★★ Sie können auch von ganz unterschiedlichen Gegenständen ausgehen, um Ihr Kind zu genauem Hinsehen und Vergleichen anzuleiten. Lassen Sie es jede Woche zwei der nachfolgenden Paare betrachten. Erklären Sie ihm dabei ihre besonderen Merkmale und Eigenschaften.
- Apfel/Birne (der Apfel ist rund, die Birne länglich, die eine Frucht ist grün, die andere gelb bzw. groß, klein, hart, weich usw.);
- Arm/Bein (kräftig, schwach, dick, dünn, oben, unten, zum Greifen, zum Laufen usw.);
- Auto/Fahrrad (schnell, langsam, groß, klein, für mehrere Personen, für eine Person usw.);
- Ball/Baustein (rund, eckig, springt, springt nicht, kann rollen usw.);
- Buch/Brot (eßbar, nicht eßbar, leicht, schwer, krümelt, krümelt nicht usw.);
- Butter/Marmelade (gelb, rot, süß, nicht süß, zuerst wird die Butter aufs Brot gestrichen, dann die Marmelade usw.);
- Gabel/Löffel (spitz, rund, für Fleisch und Kartoffeln, für Brei, kann stechen, ist ungefährlich usw.);
- Blatt/Gras (rundlich, schmal, lang, spitz, groß, klein, mit Stiel usw.);
- Hose/Hut (für die Beine, für den Kopf, die Hose hat drei Öffnungen, der Hut nur eine usw.);
- Mama/Papa (Arbeitssituation, Unterschiede der Kleidung, des Körperbaus, der Haartracht usw.);
- Wasser/Milch (durchsichtig, weißlich und undurchsichtig, kommt aus dem Wasserhahn, schmeckt fad usw.);
- Radio/Fernseher (nur Töne, Bild und Töne, groß, klein usw.);
- Gänseblümchen/Glockenblume (weiß, blau, viele Blütenblätter, wenige Blütenblätter, kurz, lang usw.);
- Vogel/Hund (kann fliegen, kann springen und laufen, singt, bellt, hat zwei Beine, hat vier Beine, hat Federn, hat ein Fell).

Sicher fallen Ihnen noch viele Beispiele von Dingen ein, die etwas gemeinsam haben und einige Unterschiede aufweisen.

Im Lauf des Tages lernt ein Kind die Tätigkeiten der Mutter sehr gut kennen. Es schaut ihr beim Bettenmachen zu, beim Kochen, beim Aufräumen, beim Waschen, beim Bügeln und allen anderen häuslichen Verrichtungen. Sie sind ausgezeichnete Lernstoffe für das Kind, es verfolgt den Ablauf der Tätigkeiten, verarbeitet sie und begreift ihren Sinn. Bald versucht es auch, sie nachzuvollziehen. Indem es zusieht, Ihre Erklärungen hört und später die gleichen Handgriffe probiert, wird seine Intelligenz wesentlich angeregt. Es weiß immer besser, welche Handlungen in bestimmten Situationen notwendig sind. Wenn die Mutter berufstätig ist und das Kind bei den Pflegepersonen keine häuslichen Tätigkeiten miterleben kann, sollte sie sich wenigstens am Wochenende viel Zeit für die Erklärung dieser Dinge nehmen. Natürlich interessiert es das Kind auch, was der Vater tagsüber macht. Am besten wäre es, wenn es ihn gelegentlich an seinem Arbeitsplatz besuchen könnte.

Spiele und Aufgaben, die Ihr Kind gelenkig machen

Gewöhnen Sie Ihr Kind schon früh an ein tägliches Gymnastik- und Turnprogramm. Durch die gemeinsamen Übungen verbessern Sie sowohl Ihre eigene Kondition und körperliche Fitneß, Ihre Ausdauer, Ihr Körpergefühl und Ihre Gelenkigkeit als auch die Entwicklung der gesamten Muskulatur, des Sehnenapparates und der Gelenke Ihres Kindes. Selbstverständlich würde Ihr Kind auch ohne regelmäßige Gymnastik Fortschritte in der gesamten Körperbeherrschung machen. Doch es wird in den Bewegungsabläufen „weiter" sein, wenn Sie systematisch vorgehen.
Dies sind die äußeren Bedingungen für die gemeinsame Gymnastik:

- Wählen Sie eine Zeit aus, in der Ihr Kind voraussichtlich trocken und sauber bleibt. Dann können Sie Ihr Kind leicht ankleiden (Höschen und Hemdchen genügen) und in einem normal temperierten Raum (20 Grad) mit dem Spielen beginnen. Wenn Ihr Kind nackt turnt, sollte die Temperatur 22 Grad betragen.
- Bereiten Sie eine freie Fläche von 3 × 3 m für Ihre Übungen vor.
- Üben Sie entweder jeden zweiten Tag 20 Minuten oder (noch besser) täglich 10 bis 15 Minuten.
- Turnen Sie selbst mit, und ziehen Sie sich möglichst ähnlich wie Ihr Kind an. Ihr Vorbild hat dann eine noch größere Wirkung.
- Wenn Sie keinen Teppichboden haben, legen Sie eine Decke auf den Fußboden und darunter eventuell eine Schaumgummimatte (damit die Decke nicht verrutschen kann). Bei einem splitterfreien Holzboden können Sie später auf die Decke verzichten (ab eindreiviertel Jahren).
- Weitere Materialien brauchen Sie zunächst nicht. Eventuell benötigte Hilfsmittel sind jeweils bei den Übungen aufgeführt.
- Im Sommer wäre es wünschenswert, wenn Sie die Übungen im Freien machen könnten. Ist das nicht möglich, turnen Sie bei weit geöffnetem Fenster (im Winter bei wenig geöffnetem Fenster).
- Machen Sie das Bewegungstraining nur, wenn Ihr Kind völlig gesund ist und wenn es nicht müde wirkt.
- Fragen Sie Ihren Arzt, oder bitten Sie in der Mütterberatungsstelle um Auskunft, ob Sie beim Spielen und bei der Gymnastik auf bestimmte Übungen besonders achten sollen oder ob es Übungen gibt, die Ihr Kind besser lassen sollte.

Die folgenden Übungen und Spiele sind so ausgewählt, daß jedes normal entwikkelte, gesunde Kind ohne Schwierigkeiten daran teilnehmen kann.

Ab 1;0 Jahren

★ Spielen Sie Fangen um einen Hocker oder einen kleinen Tisch: Wenn Ihr Kind Ihnen nachgeht oder nachkrabbelt, weichen Sie ihm aus. Nach zwei Umläufen lassen Sie sich wirklich fangen – und beim nächsten Mal geht es in der entgegengesetzten Richtung weiter. Spielen Sie jeweils dreimal:

- Gehen um den Tisch (anfangs wird sich Ihr Kind noch daran festhalten),
- Krabbeln um den Tisch,
- Rutschen um den Tisch.

„Eine ganz neue Perspektive, aus der ich meine Umgebung so sehen kann, bitte noch mal . . .“

Achten Sie darauf, daß Ihr Kind „richtig“ krabbelt: Die rechte Hand greift vor, das linke Bein wird nachgesetzt; die linke Hand greift vor, das rechte Bein wird nachgesetzt usw.
Bei diesem Spiel werden fast alle Muskeln angeregt und angestrengt, und das macht Ihrem Kind sicher großen Spaß.
★★ Setzen Sie Ihr Kind in eine Zimmerecke, und gehen Sie dann schnell in die gegenüberliegende Ecke. Von dort aus rufen Sie es zu sich und fangen es mit ausgebreiteten Armen auf. Machen Sie dann mit ihm der Reihe nach folgende Übungen:

- Heben Sie es hoch in die Luft, indem Sie es unter beiden Armen greifen.
- Heben Sie es hoch in die Luft, und bringen Sie es dort in eine waagrechte Schwebelage.
- Heben Sie es hoch, und Sie setzen es hinter Ihrem Kopf auf die Schultern, so daß seine Beine rechts und links herunterhängen. Halten Sie es dabei sehr fest an seinen Unterarmen, damit es Ihnen nicht entgleiten kann, wenn es sich plötzlich abstemmt oder aufbäumt.
- Heben Sie es hoch, und nehmen Sie es „Huckepack“ (seine Oberschenkel umklammern Sie in Hüfthöhe).

Bleiben Sie bei einigen dieser Hebeübungen am gleichen Ort stehen, und gehen Sie bei anderen mit Ihrem Kind im Zimmer herum. Es sieht dann seine Umgebung einmal aus einer ganz anderen Perspektive und bekommt außerdem einen außerordentlich großen Erfahrungsschatz mit allen denkbaren Gleichgewichts- und Ausgleichsübungen. Beginnen Sie langsam mit den Übungen, damit sich Ihr Kind nicht ängstigt. Später können Sie das Tempo steigern.
★ Ziehen Sie Ihr Kind aus der Rückenlage an den Füßen hoch, und lassen Sie es langsam in die gleiche Lage zurückgleiten. Dann ziehen Sie es noch einmal hoch und lassen es zwei Sekunden frei hängen. Es wird versuchen, die Hände Halt suchend auf den Boden zu stützen. Dann lassen Sie es über die Bauchlage auf den Boden zurückgleiten.
★★ Ziehen Sie Ihr Kind gelegentlich ein kleines Stück (etwa 5 cm) an den Händen hoch. Es soll dabei Ihre beiden Daumen umfassen. Sobald Sie merken, daß sein Griff sich zu öffnen beginnt, setzen Sie es wieder ab.
★ Für die folgende Übung werden beide

Eltern benötigt. Einer spielt „Pferd“ und kniet sich auf den Boden, der andere hält das Kind beim Reiten am Oberarm fest. Dann krabbelt das „Pferd“ los. Anfangs müssen Ihre Bewegungen dabei sehr langsam und gleichmäßig bleiben. Etwa ab eineinhalb Jahren können Sie schneller krabbeln und zwischendurch auf die Hilfestellung verzichten. Diese Übung macht Ihrem Kind besonders großen Spaß. Sie dient der Entwicklung eines sicheren Gleichgewichtssinns und schneller Ausgleichsreaktionen.

Ab 1;4 Jahren

★★★ Verwandeln Sie von nun an Ihren Fußboden im Wohn- oder Kinderzimmer einmal wöchentlich in eine Hügellandschaft. Sie brauchen dazu Kissen, ein Federbett, eine Matratze, einen kleinen Hokker, einen zusammengerollten Teppich, drei große leere Schachteln und andere raumfüllende Dinge aus Ihrer Wohnung. Gehen Sie mit Socken darin herum, und lassen Sie auch Ihr Kind leicht bekleidet darin spielen. Es soll Ihnen nachfolgen, Spielsachen holen und wegbringen, sich also möglichst viel inmitten dieser „Hindernisse“ bewegen. Dabei lernt es, die verschiedenen Unebenheiten zu berücksichtigen und seine Schritte und Bewegungen danach auszurichten. Auch sein Tiefensehen wird dabei besonders geschärft. Im Sommer können Sie diese Übung im Freien durchführen. Während eines Waldspaziergangs z. B. bieten sich genügend natürliche Unebenheiten. Sämtliche Muskeln werden bei diesem Spiel angesprochen – und Kopf und Hände werden als „Ausgleichsgewichte“ eingesetzt. Es gibt natürlich sehr viele Variationsmöglichkeiten bei dieser Übung: So können Sie beispielsweise mit einem Stuhl oder Tisch den „Zugang“ versperren, so daß Ihr

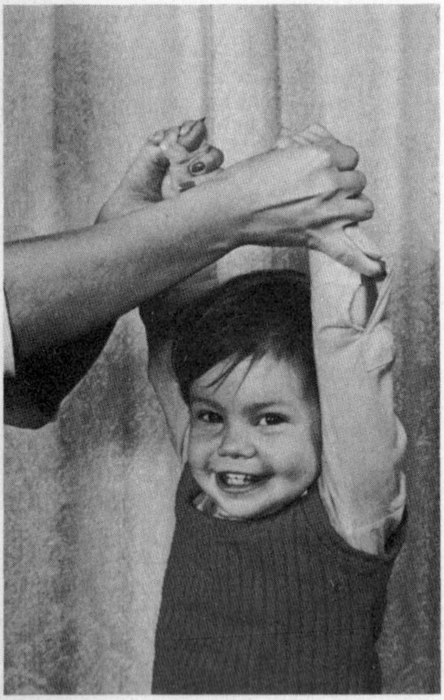

Auf diese Weise läßt sich ein Kind gern hochheben. Es umklammert mit seinen Fingern Ihren Daumen. Sie selbst unterstützen es, indem Sie mit Ihrer Hand seinen Handrücken umgreifen. Einige Sekunden trägt es sein Gewicht dabei fast allein (links).

Geben Sie Ihrem Kind ruhig öfter etwas zu tragen (1 bis 2 kg). Es übt dabei, das Gleichgewicht zu halten (rechts).

Kind jedesmal unten durchkriechen muß, Sie können über einen Hocker klettern, was Ihr Kind sicher nachahmen wird, usw.

★★ Spielen Sie mit Ihrem Kind Umzug von einem Zimmer in das andere. Geben Sie ihm einen kleinen Korb oder Beutel in die Hand, und füllen Sie nach und nach immer mehr kleine Spielsachen hinein. Dabei wird der Korb immer schwerer. Ihr Kind muß also sein Gleichgewicht ständig neu anpassen. Bei späteren Wiederholungen dieses Spiels können Sie neue Variationen ausprobieren: Mal ist es ein großer Korb, mal ein kleinerer, mal trägt das Kind ihn mit beiden Händen, mal mit der rechten, dann mit der linken.

Auch in der Art der zu tragenden Dinge sollten Sie wechseln. Ihr Kind trägt:

- eine leichte Einkaufstasche,
- einen Beutel mit Früchten,
- eine Schachtel mit Schuhen usw.

Je vielseitiger das Angebot ist und je unterschiedlichere Reaktionen es verlangt, desto besser lernt Ihr Kind, seinen Körper und seine Fähigkeiten richtig einzuschätzen. Viel Abwechslung bringt das Nachahmen bestimmter Tiere. Ihrem Kind fällt das besonders leicht, wenn es das betreffende Tier noch gut in Erinnerung hat, also beim letzten Spaziergang sehen und beobachten konnte. Spielen Sie z. B.:

- einen Hund, der schnell und langsam läuft, der einen Stein beschnuppert, bellt usw.;
- eine Katze, die langsam schleicht, miaut, sich streckt usw.;
- einen Vogel, der nach Körnern pickt, flattert, in ruckartigen Bewegungen vorwärts hüpft usw.;
- einen Frosch, der in großen Sätzen springt und dann in kauernder Stellung verharrt;
- einen Fisch, der durch das Wasser gleitet und dabei seine Flossen bewegt, der rasche Kurven schwimmt, an Futter knabbert usw.

★★★ Wenn Sie im Haus eine saubere, kurze Treppe haben, können Sie Ihr Kind jetzt gut ans Treppensteigen heranführen. Zunächst wird es auf allen vieren die Stufen hochkrabbeln. Bleiben Sie zunächst immer dicht hinter Ihrem Kind, um es notfalls aufzufangen, wenn es abrutscht. Beim Heruntergehen stehen Sie jeweils zwei bis drei Stufen tiefer; Ihr Kind wird Ihnen dann sicherlich folgen.
An einer langen Treppe sollten Sie nicht üben, weil Ihr Kind sonst vielleicht in einem unbeobachteten Augenblick allein hinaufklettern und sich bei einem Sturz verletzen könnte. Auch bei vielbegangenen und daher unsauberen Treppen in größeren Häusern müssen Sie das Üben auf den Zeitpunkt verschieben, an dem Ihr Kind nicht mehr mit Händen und Füßen gleichzeitig klettert (also vom 19. Monat an). Dann wird es bereits versuchen, sich am Geländer festzuhalten.

Ab 1;7 Jahren

★★ Spielen Sie mit Ihrem Kind Auto oder Zug. Dazu brauchen Sie zwei runde Stäbe mit abgerundeten Spitzen. In jede Hand nehmen Sie und Ihr Kind das Ende der beiden Stöcke. Dann geht die „Reise" los. Passen Sie Ihren Schritt der Geschwindigkeit Ihres Kindes an. Machen

Treppen sind ein attraktives, aber auch gefährliches „Spielzeug". In Ihrer Gegenwart kann Ihr Kind schon seine Kletterkünste zeigen. Danach sollten Sie die Treppe wieder durch ein Scherengitter sichern (links).

Dieses „Fahrzeug" kann vorwärts und rückwärts gehen, Treppen hinauf- und hinuntersteigen und über Hügel laufen. Einmal gehen Sie voraus, einmal bestimmt Ihr Kind die Richtung (rechts).

Sie dabei Geräusche wie ein Zug oder ein Auto. Zuerst geht Ihr Kind voraus. Betonen Sie jeden Schritt „musikalisch“, damit Ihr Kind sich auf den Rhythmus einstellt. Nach zwei Runden um den Tisch oder durch die Wohnung wechseln Sie – nun gehen Sie voraus (drehen Sie sich aber dabei zunächst Ihrem Kind zu). Nicht nur die Beine sollten sich im Rhythmus bewegen, sondern auch die Arme. Nach ein paar Tagen variieren Sie das Spiel:

- Sie tragen nur noch einen Stab (abwechselnd in der rechten oder linken Hand),
- Sie machen einen langen Stab, indem Sie beide zusammenbinden,
- Sie umwickeln die Stäbe mit bunten Bändern oder hängen eine Tasche bzw. Spielzeug daran auf.

Zunächst werden Sie durch seitlichen Druck die „Lenkung“ bestimmen müssen. Nach einigen Spielen wird Ihr Kind jedoch schon ganz geschickt ohne diese Führung durch die Wohnung steuern.

★★ Wiederholen Sie häufig die folgenden fünf Spiele mit Ihrem Kind:

- Radfahren: Sie fassen Ihr auf dem Rükken liegendes Kind an den Füßen und bewegen sie wie beim Radfahren im Kreis. Nach einiger Zeit können Sie sich Ihrem Kind gegenüber auf den Rücken legen und die Fußbewegungen Ihres Kindes durch Ihre eigenen Fußsohlen dirigieren. Das wird nicht gleich beim erstenmal klappen. Aber wenn es schließlich gelingt, hat Ihr Kind zwei wichtige Dinge hinzugelernt: Es kann nun sogar eine komplizierte Bewegung allein lenken, und es kann feinfühlig auf andere Bewegungen reagieren.
- Machen Sie auf dem Boden eine „Brücke“ für Ihr Kind, unter der es in verschiedenen Richtungen durchkriechen kann. Verändern Sie jedesmal die Höhe der Brücke und die Breite des Durchlasses (mal setzen Sie Ihre Arme

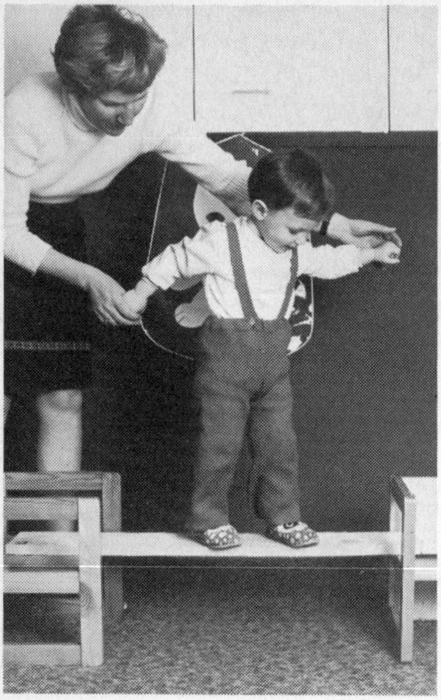

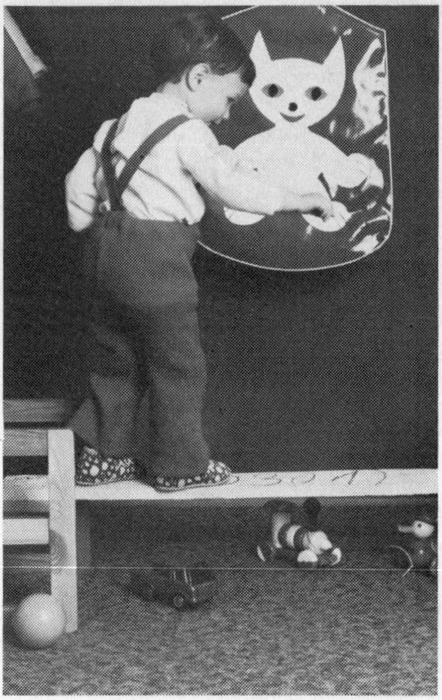

Der erste Schwebebalken sollte nur 5 cm vom Boden entfernt sein. Doch mit zunehmender Sicherheit Ihres Kindes dürfen Sie ihn auf 20 cm gegen Ende des zweiten Lebensjahres erhöhen.

entfernt auf, mal näher usw.). So lernt Ihr Kind, sich auf verschiedene räumliche Bedingungen einzustellen. Es kriecht durch Ihre Beine und Arme hindurch, es robbt unter Ihrem Rumpf hindurch (insgesamt zwölf unterschiedliche Wege).

- Ziehen Sie eine 2 m lange, dicke Schnur hinter sich her, und zeigen Sie Ihrem Kind, wie es auf das Ende der Schnur treten kann, während Sie die Schnur „tanzen" lassen. Wenn es das schon gut beherrscht, erschweren Sie das Spiel: Nun bewegen Sie die Schnur ruckartig hin und her, ziehen sie zwischendurch rasch näher usw. Ihr Kind sollte natürlich immer mal wieder sein Ziel, auf die Schnur zu treten, erreichen.
- Machen Sie Ihrem Kind vor, wie man sich durch seitliches Rollen fortbewegen kann. Die gleiche Übung können Sie im Sommer auch gut im Freien zeigen, wenn Sie einen kurzen, etwas schrägen Wiesenhang finden. Dieses Rollen macht Ihrem Kind nicht nur großen Spaß – es trainiert besonders seine Bauch- und Rückenmuskulatur.
- Bitten Sie Ihren Partner, Ihnen beim folgenden Spiel zu helfen: Eine Person steht oben auf einem Balkon, die andere unten neben dem Kind. An einer Schnur lassen Sie nun ein Spielzeug vom Balkon herunterbaumeln und gleichmäßig hin- und herschwingen.

Nach fünf bis acht vergeblichen Zugriffen sollten Sie es unbedingt das Spielzeug „erwischen" lassen.
Auch wenn Ihr Kind sich sehr über dieses Spiel freut, sollten Sie es nur einmal täglich versuchen. Denn sonst verliert es bald den Spaß daran und übt nicht mehr, den Gegenstand immer schneller und gezielter zu ergreifen.

Ab 1;10 Jahren

★★ Rollen Sie Ihrem Kind einen Ball zu, und leiten Sie es dabei an, den Ball einmal aus dem Schneidersitz (mit überkreuzten Beinen) aufzufangen und zurückzurollen, das nächste Mal aus dem Langsitz (beide Beine sind gestreckt nebeneinander auf dem Boden), dann aus dem Grätschsitz (die Beine sind auseinandergespreizt und gestreckt), schließlich aus der Hocke. Nennen Sie dabei jeweils den Namen der Sitzart, damit Ihr Kind versteht, was mit den einzelnen Bezeichnungen gemeint ist. Sie werden später noch in vielen Übungen als „Ausgangslage" benötigt. Zwei weitere wichtige Lagen lernt Ihr Kind beim „Schwimmen" kennen: Es liegt dabei auf dem Bauch oder auf dem Rücken und bewegt Arme und Beine in möglichst großen Kreisen um sich herum.
★ Drei Geräte haben sich in der Bewegungserziehung von kleinen Kindern besonders bewährt: das Türreck, eine große Rolle und eine alte Federkernmatratze.

- Am Türreck kann Ihr Kind gelegentlich schaukeln, wenn es sich mit den Händen daran festhält, es kann darübersteigen (tiefer gestellt), es kann unten durchkriechen, es kann sich festhalten und dann vor- und zurücklaufen, bis es nahezu waagrecht gestreckt ist, usw.
- Über die große, breite Rolle kann es krabbeln, es kann sie schieben und rollen, darauf reiten usw.
- Auf der Federkernmatratze kann es gehen und hüpfen und dabei üben, das Gleichgewicht zu halten, es kann sich hinfallen lassen usw.

★★★ Zeigen Sie Ihrem Kind, wie es von Möbeln herunterspringen kann. Die Höhe muß natürlich langsam gesteigert werden. Erstes Ausgangsobjekt ist ein sehr niedriger Schemel. Ihr Kind muß lernen, daß man mit beiden Beinen gleichzeitig abspringt und mit beiden Beinen zugleich aufkommen soll. Zeigen Sie ihm, daß es durch Bewegungen der Arme den Schwung bremsen und so beim „Aufprall" auf den Boden das Gleichgewicht halten kann. Wenn Ihr Kind ohne Angst von dem niedrigen Schemel herunterspringt, können Sie die Absprunghöhe steigern, indem Sie zunächst ein dickes Buch (z. B. das Telefonbuch einer Großstadt) auf den Schemel legen. Mit einiger Übung springt Ihr Kind am Ende des zweiten Lebensjahres sicher aus einer Höhe von 60 cm.
Bei den ersten Sprüngen müssen Sie ihm wahrscheinlich eine kleine Hilfestellung geben, indem Sie es noch beim Absprung (unter den Armen) unterstützen. Und so machen Sie das Spiel verlockend: Springen Sie selbst immer mal wieder von oben herunter, dann will es dieses „Kunststück" auch bald beherrschen.

Erfolgserlebnisse stärken die Selbstsicherheit

Das Selbstbild Ihres Kindes wird wesentlich geformt durch die Informationen, die es über sich von Ihnen erhält. Sagen Sie deshalb in seiner Gegenwart nie negative Dinge über Ihr Kind. In den ersten drei bis sechs Lebensjahren verläßt es sich noch völlig darauf, daß das, was Sie sagen, auch wirklich stimmt. Wenn es von Ihnen viele positive Aussagen über sein Können und seine Leistungen hört, gewinnt es Vertrauen zu sich. Es möchte sich beweisen, daß Ihre Anerkennung begründet ist, und übt mehr als ein mit negativen Urteilen (Dummkopf, Tölpel usw.) belastetes Kind. Wenn Ihr Kind von seiner eigenen Leistungsfähigkeit überzeugt wird, packt es mit mehr Selbstvertrauen neue Aufgaben an und verzweifelt nicht gleich bei jeder Schwierigkeit. Andererseits wäre es natürlich auch falsch, das Kind allzu überschwenglich zu loben. Das würde später zu einer Enttäuschung führen, wenn es seine Fähigkeiten mit denen anderer Kinder vergleicht.
Dazu noch ein konkretes Beispiel: Nehmen Sie an, daß Ihr Kind einen Teller zerbrochen hat. Sagen Sie bitte nicht: „Das habe ich mir gleich gedacht, daß das schiefgeht!" (Wenn Sie das wirklich gedacht haben, hätten Sie ihm den Teller nicht geben dürfen!) Verkneifen Sie sich auch den zornigen Ausruf „Du machst alles kaputt!". (Das stimmt gewiß nicht!) Auch die Frage „Warum hast Du denn nicht aufgepaßt?" wäre falsch. Denn Ihr Kind ist subjektiv davon überzeugt, daß es sich Mühe gegeben hat. Richtig ist dagegen folgende Reaktion: „Schade, daß der Teller zerbrochen ist! Jetzt müssen wir einen anderen kaufen. Das ist mir auch schon passiert!"
Lassen Sie Ihr Kind auf jeden Fall weiterhin Teller tragen. Geben Sie ihm Geschirr, das eventuell kaputtgehen darf (was Ihr Kind natürlich nicht wissen soll). Holz- und Plastikgeschirr eignet sich für diese

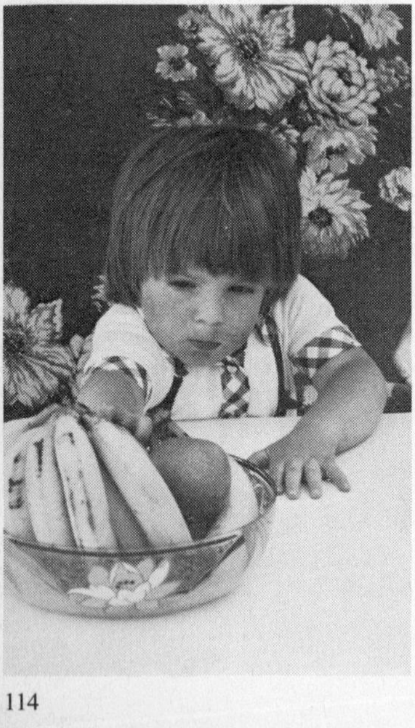

„Ich weiß, was ich will, und ich nehme es mir auch – selbst wenn ich mich dafür anstrengen muß!"

Ein Kind liebt es, Schwierigkeiten zu überwinden, um sich seine Fähigkeiten zu beweisen. Das strahlende Gesicht ist ein Ausdruck dafür (rechts).

Übung jedoch nicht. Denn wenn es herunterfällt und nicht zerbricht, fragt sich Ihr Kind, wieso es das eigentlich so vorsichtig tragen sollte!

Ab 1;0 Jahren

★★★ Lassen Sie Ihr Kind in zunehmendem Maß „schwierige" Aufgaben bewältigen, und loben Sie es, wenn es geklappt hat. So stärken Sie sein Selbstvertrauen und ermutigen es zur Entwicklung und Ausbildung seiner Fähigkeiten. Wenn zwischendurch mal wieder ein Malheur passiert, besprechen Sie es zunächst, erwähnen Sie aber kurz darauf einige positive Leistungen. Damit verhindern Sie, daß Ihr Kind sich zu sehr kritisiert.

★★★ Fördern Sie systematisch die Leistungsfähigkeit Ihres Kindes, indem Sie alle Übungen des Entwicklungsprogramms möglichst regelmäßig durchführen. Dabei entwickelt Ihr Kind sehr vielseitige Erfahrungen mit sich und seiner Umwelt und entdeckt gleichzeitig alle seine bereits vorhandenen Möglichkeiten. Es wird selbständiger und lernt, sich selbst zu vertrauen und sich zu steuern.

★★★ Stellen Sie Ihr Kind täglich vor drei bis fünf Wahlsituationen, die es mit Erfolg verarbeiten kann. Voraussetzung dabei ist, daß Ihr Kind die Möglichkeiten, zwischen denen es wählen soll, gut kennt. Es muß abschätzen können, welche Folgen mit der Wahl einer bestimmten Alternative verbunden sind. Wahlsituationen führen zu einer bedeutenden Aktivierung der eigenen Persönlichkeit und des Denkens und entwickeln somit die Selbstsicherheit und das Selbstgefühl.

Hier einige Beispiele:
- Kleidung (Welche Socken? Welcher Pullover? Welche Schuhe?),
- Spielzeug (Womit wird heute intensiv gespielt?),

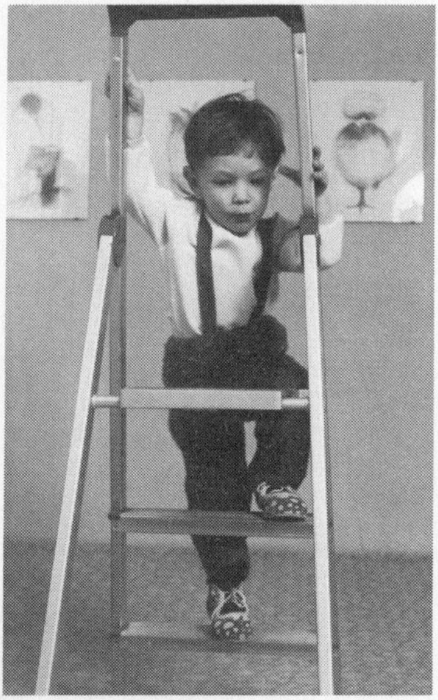

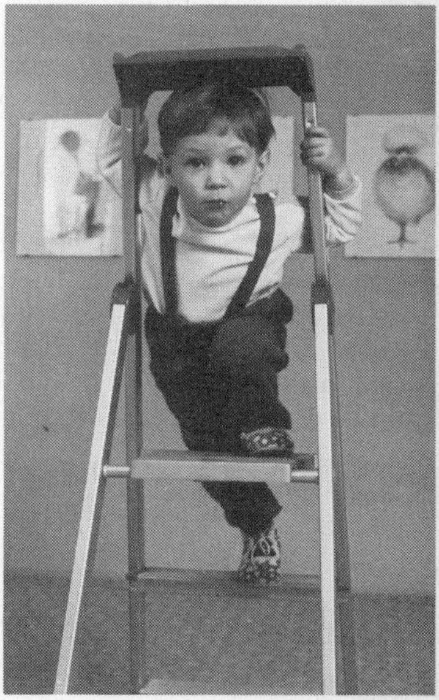

- Beschäftigung (Willst Du mit in die Küche gehen? Willst Du in Deinem Zimmer bleiben? Willst Du spazierenfahren?),
- Spaziergang (Auswahl des Ziels, der besonderen Tätigkeiten während des Spaziergangs),
- Essen (Butterbrot oder Marmeladebrot? Milchbrei oder Wurstbrot?),
- Schlafenszeit (Willst Du jetzt schlafen? Willst Du noch aufbleiben?).

★★★ Sicher möchte Ihr Kind gelegentlich Dinge tun, die Sie absolut nicht sympathisch finden: Es steuert beim Spaziergang zielstrebig auf eine Pfütze zu, um sich hineinzusetzen und im Wasser zu planschen, es will unbedingt einen Gegenstand behalten, den Sie brauchen, es trödelt herum, wenn Sie gerade in großer Eile sind ... Machen Sie es sich zur Regel, nicht alle Ihre Wünsche gegenüber denen Ihres Kindes durchzusetzen. Wägen Sie ab, ob durch das Vorhaben Ihres Kindes seine Sicherheit oder seine Gesundheit gefährdet ist. Ist das nicht der Fall, seien Sie ruhig manchmal „großzügig". Das heißt, verzichten Sie hin und wieder auf Ihre eigenen Wünsche, und richten Sie sich nach Ihrem Kind. Aufräumen z. B. ist zu unwichtig, als daß es deswegen ein Spiel vorzeitig unterbrechen müßte. Sagen Sie in diesem Fall etwa: „Eigentlich wollte ich ja jetzt zusammen mit Dir aufräumen. Aber Du spielst gerade so schön, daß ich Dich nicht stören möchte. Dann machen wir eben morgen früh zusammen Ordnung, ja?" Ihr Kind erfährt so, daß Sie manchmal nachgeben, und lernt, selbst nachzugeben. Indem es spürt, daß Sie einen Verzicht leisten, wird ihm deutlicher bewußt, daß auf seine Wünsche und seine Persönlichkeit Rücksicht genommen wird. Auch mit dieser Erfahrung wird sein Selbstwertgefühl stark angeregt.

★★★ Kreativität und Flexibilität gehören zu den wichtigsten Eigenschaften, die Ihr Kind erhalten soll. Doch vergessen Sie darüber nicht, ihm einige feste Gewohnheiten zu geben: das tägliche Waschen, die Körperpflege und Lernspiele, die täglich etwa 90 Minuten in Anspruch nehmen (verteilt auf vier bis sechs „Portionen"), die gemeinsamen Mahlzeiten usw. Mit diesen Gewohnheiten engen Sie Ihr Kind zwar ein, aber Sie erreichen dadurch, daß sie ihm zur Selbstverständlichkeit werden und nicht zu einer mühsamen Pflicht.

Wie würden Sie reagieren, wenn Ihnen ein Riese Ihr Steckenpferd wegnehmen wollte? Versetzen Sie sich immer wieder in die Situation Ihres Kindes, und vertreten Sie Ihre Auffassungen nicht unnachgiebig. Ihr Kind wird nur selbstsicher, wenn es sich viele Wünsche erfüllen kann.

Sie können die Erlebnisfähigkeit Ihres Kindes steigern

Ab 1;0 Jahren

★★★ In den ersten Jahren saugt Ihr Kind jede positive Zuwendung in sich auf und bildet damit ein nachhaltiges „Polster" für Zeiten, in denen weder Sie noch andere Menschen sich so intensiv mit ihm befassen können. Lassen Sie Ihr Kind deshalb viele angenehme Erlebnisse und positive Gefühle erfahren. Verhindern Sie möglichst, daß

- Ihr Kind schreit oder weint, weil ihm ein dringender Wunsch nicht erfüllt wird (dazu gehört auch der Wunsch nach Ihrer Anwesenheit);
- Ihr Kind längere Zeit ohne Sie auskommen muß (weil Sie allein Urlaub machen oder aus einem anderen Grund verreisen);
- Sie selbst zu wenig Zeit haben, sich auf Ihr Kind einzustellen und ihm alle Möglichkeiten zu bieten, seine Fähigkeiten zu entwickeln.

Ein Kind, das sich von seinen Eltern geliebt fühlt, entwickelt ein positives Verhältnis zu sich und seiner Umwelt. Seine Gefühle können sich voll entfalten, weil sie nicht durch Angst und Mißtrauen eingeengt werden.

★★★ Alle Gefühle werden von bestimmten Verhaltensweisen, Handlungen oder Gedanken begleitet. Um die Gefühle Ihres Kindes intensiv zu fördern und zu differenzieren, müssen Sie einen „Umweg" über Verhaltensweisen oder Handlungen machen. Mit Worten erreichen Sie bei einem so kleinen Kind in dieser Beziehung wenig. Sie müssen bestimmte Verhaltensweisen oder Handlungen auslösen, die ihrerseits angenehme Gefühle wecken. Gleichzeitig zeigen Sie Ihre eigenen Gefühle dabei. Nehmen Sie als Beispiel das zärtliche Streicheln Ihres Kindes: Wenn Sie selbst dabei nicht liebevolle Gefühle haben (und sie zeigen), wird Ihr Kind das Streicheln nicht als angenehm empfinden. Das liegt auch daran, daß Sie sonst nicht so bereit sind, sich auf die Zärtlichkeitswünsche Ihres Kindes fein genug einzustellen, und das würde als „gebremste" Zuwendung aufgefaßt. Folgende Anlässe ermöglichen es Ihrem Kind, seine Gefühle

zu differenzieren:
- alle Spiele und Lernaktivitäten (durch Lob, Bestätigung, Ermutigung),
- Spaziergänge, bei denen Ihr Kind auf etwas Interessantes hingewiesen wird (Markt, Warenhäuser, Baustellen, Tiere usw.),
- Gymnastik und Bewegungen,
- Baden und Wasserplanschen,
- neue und ungewohnte Situationen (zünden Sie einmal bei Dunkelheit Kerzen an, und lassen Sie Ihr Kind dabei für kurze Zeit gedämpfte Musik hören; gehen Sie mit Ihrem Kind in den Tierpark oder in einen Kinderzirkus bis zur Pause; unternehmen Sie am Abend einen Spaziergang durch die künstlich beleuchteten Straßen mit den Lichtreklamen usw.).

★★★ Ihr Kind erlernt Gefühle und Gefühlsäußerungen auch direkt von Ihnen. Es beobachtet, wie Sie sich verhalten und wie sich Ihre Mimik, Ihre Gestik, Ihre Stimme bei bestimmten Ereignissen verändern.

Wie verhalten Sie sich z. B., wenn eine Tür mit lautem Knall vom Zugwind zugeschlagen wird? Reagieren Sie ängstlich? Springen Sie erschrocken hoch?

Ob Sie heftig oder „gemäßigt" reagieren, hängt natürlich ganz von Ihrem eigenen Temperament ab. Es wäre falsch, wenn Sie sich aus „Erziehungsgründen" ein ganz neues Verhalten als bisher aufzwingen wollten, Ihr Kind würde genau spüren, daß Ihre Gefühle und Ihr Benehmen unecht sind (wählen Sie deshalb einen ausgeglichenen Mittelweg). Denken Sie immer daran, daß Gefühle für Ihr Kind später ein sehr wichtiges und feines Anzeichen für die sichere Interpretation von Menschen und Situationen sind. Sie ermöglichen ein rasches Erfassen der Situation, während die Beurteilung durch Denken und logische Schlußfolgerungen länger dauert (vor allem beim Kennenlernen von Menschen). Daher könnte es Ihr Kind später schwer haben, wenn es durch Vater oder Mutter daran gewöhnt worden ist, „daß man keine Gefühle zeigt". Fallen Sie aber auch nicht in das andere Extrem, nur noch gefühlsbetont zu handeln oder Ihre Gefühle künstlich hochzuspielen. Das würde Ihr Kind skeptisch gegenüber Gefühlen machen. Es wüßte nicht, wieweit es den Gefühlsäußerungen anderer Menschen trauen darf, und würde dadurch verunsichert.

Auch Kinder können schon sehr zärtlich und fürsorglich sein. Die junge Katze veranlaßt das Kind jedenfalls zu diesen Empfindungen.

★★★ Folgende Einflüsse behindern die freie Entfaltung der Gefühlsäußerungen und sollten daher verhindert werden:
- Beharren auf Ruhe (weil andere dadurch gestört werden könnten),
- Einschränken der Bewegungsfreiheit des Kindes (Laufstall, bei Spazierfahrten immer angegurtet, Spielen nur in einem Raum erlaubt, enge und zu warme Kleidung),
- ständiges Betonen von Ordnung und Sauberkeit (Spiel und Initiative der Kinder werden dadurch erheblich beeinträchtigt),
- Liebesentzug (weil die Bezugspersonen dem Kind überhaupt nicht oder nur mangelhaft zur Verfügung stehen),
- Eßzwang („alles aufessen", ruhig am Tisch sitzen, solange die anderen essen),
- verfrühte Sauberkeitserziehung,
- falsche Sauberkeitserziehung und fehlender Körperkontakt.

So lernt Ihr Kind soziales Verhalten

Ab 1;0 Jahren

★★ Beziehen Sie Ihr Kind möglichst oft in Gespräche mit anderen Erwachsenen ein, und reden Sie dabei über Inhalte, die es erfassen kann. So nimmt es stärker an der Situation teil. Es erlebt sie als lustvoll und fühlt sich nicht beiseite gestellt oder gar vernachlässigt. Gleichzeitig lernt es, wie sich im Gespräch die „Redner" abwechseln. Auch wenn es nicht jeden Satz genau versteht, hat es von diesem Zuhören einen sehr großen Gewinn. Heben Sie es dabei hoch oder setzen Sie es auf Ihren Schoß, damit es sich in der gleichen Höhe wie Sie und Ihre Gesprächspartner befindet.

★★★ Nehmen Sie Ihr Kind ruhig zwei- bis dreimal pro Woche zum Einkaufen mit. Es lernt dabei unter anderem:

- Alle Menschen gehen zum Einkaufen.
- Es gibt sehr viele Menschen (und sie sind einander ziemlich unähnlich).
- In einem Geschäft verhalten sich fast alle Leute ähnlich.
- Zwischen Menschen ergeben sich kurze Unterhaltungen.

Ab 1;7 Jahren

★★★ Die Entwicklung sozialer Verhaltensweisen schließt das Kennenlernen wichtiger gesellschaftlicher Normen und Gebräuche mit ein. Jetzt können Sie mit Ihrem Kind schon einige dieser Gebräuche beobachten: Jahrmarkt, Prozessionen, Fasching, Feuerwerk, Tanzveranstaltungen, Musikkapelle usw. So lernt es früh die Variationsbreite des menschlichen Verhaltens auch in diesem Bereich kennen. Bleiben Sie aber nur so lange bei einer derartigen Veranstaltung, wie Ihr Kind sich dafür interessiert.

★★ Wenn Sie zu Hause Besuch erwarten, berücksichtigen Sie bitte folgende Punkte:

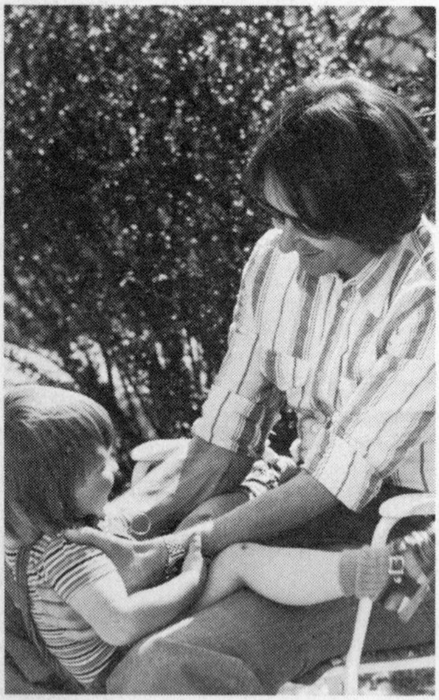

Beim Reiter-Spiel durchlebt ein Kind eine ganze Skala von Gefühlen: Spannung, Freude, Leichtigkeit, Erschrecken. Es erlebt aber zugleich, daß die Quelle dieser prickelnden und angenehmen Gefühle ein Erwachsener ist, und entwickelt deshalb zu ihm eine Gefühlsbindung.

- Nach kurzer Zeit langweilt sich Ihr Kind, weil es von der gesamten Unterhaltung zu wenig mitbekommt. Es zeigt seinen Protest und seine Langeweile und „stört" damit die Erwachsenen. Legen Sie den Besuch also möglichst auf Zeiten, in denen Ihr Kind bereits schläft.
- Wenn das nicht möglich ist, geben Sie ihm genug Spielzeug, und spielen Sie immer mal wieder ein paar Minuten mit ihm. Ihr Besuch hat sicher dafür Verständnis, auf jeden Fall kann er eine kleine „Vernachlässigung" leichter verarbeiten als Ihr Kind.
- Drängen Sie Ihrem Kind einen Besucher nicht auf. Wenn Sie befürchten müssen, daß es von jemandem enttäuscht wird bei der Kontaktaufnahme, sollten Sie es von dieser Person fernhalten.

★ Ziehen Sie Ihr Kind auch gelegentlich besonders nett an. Es erlebt dabei, daß die äußere Erscheinung ein wichtiges Mittel sein kann, andere Menschen auf sich aufmerksam zu machen.

★★ Etwa ab eineinhalb Jahren können Sie Ihr Kind ab und zu mit einem oder zwei anderen Kindern spielen lassen. Bleiben Sie aber als unparteiischer Schiedsrichter ein wenig in der Nähe, sonst setzt sich das „stärkere" Kind immer durch, und das „schwächere" wird in seinen sozialen Erfahrungen enttäuscht.

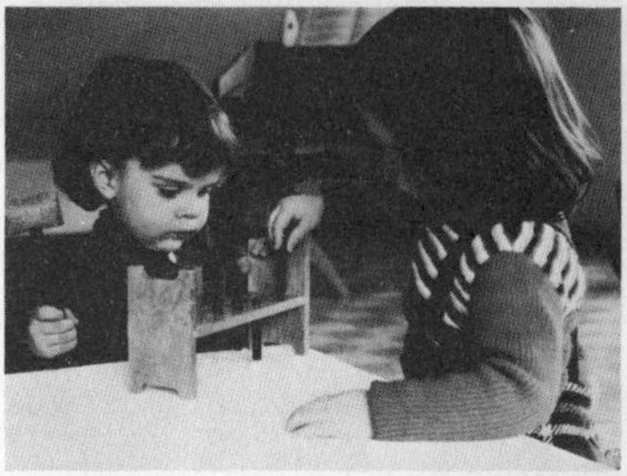

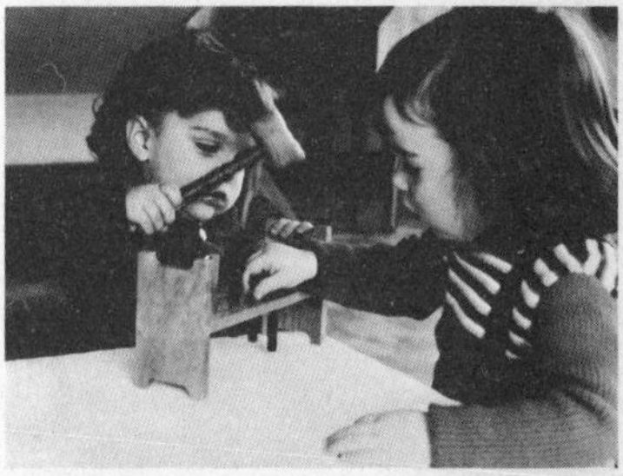

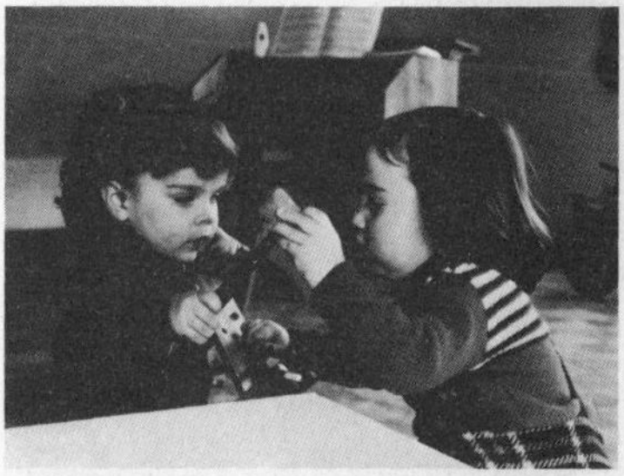

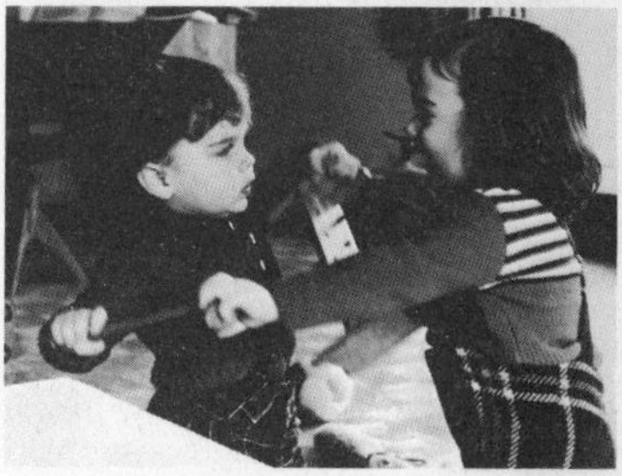

Ebenso rasch, wie aus dem kooperativen Spiel gegensätzliche Impulse und Aggressionen entstehen können, wird umgekehrt auch wieder eine freundschaftliche Geste möglich. Erst während der ersten Schuljahre stabilisieren sich die Einstellungen gegenüber anderen Menschen.

So erleichtern Sie das Kranksein

Im Krankenzimmer

Es ist keine leichte Aufgabe, ein krankes Kind in diesem Alter zu betreuen. Denn es versteht ja noch nicht, warum es plötzlich im Bett bleiben soll, warum ein Arzt in die Wohnung kommt und es untersucht, warum es Schmerzen hat und sich so schlecht fühlt.
Daher sollte alles seinen gewohnten Gang weitergehen, soweit das möglich ist. Nehmen Sie das Kind nicht wegen übertriebener Hygienemaßnahmen aus seiner gewohnten Umgebung heraus. Lassen Sie es in seinem Bett im Kinderzimmer, oder – wenn das Kinderzimmer vom Wohnzimmer entfernt ist – schieben Sie das Bett ins Wohnzimmer. (Ausnahme: Bei akuter Ansteckungsgefahr muß das Kind isoliert werden.) So kann das Kind sich weiter persönlich „sicher" fühlen und erlebt die Krankheit nicht als etwas Fremdartiges und Bedrohliches. Etwas anders verhält es sich bei einer länger andauernden Krankheit. Sie macht möglicherweise einen „Umzug" nötig, um allen Erfordernissen der Krankenpflege zu entsprechen (Waschgelegenheit im Zimmer, Spezialmatratze usw.). Der Arzt wird Sie dabei beraten.
Wichtig ist, daß Sie auf besonders gute Durchlüftung achten, dabei jedoch Zugluft unbedingt vermeiden. Der frische Sauerstoff aktiviert die durch das Liegen verflachte Atmung und ist die beste Vorbeugung gegen die Bett-Lungenentzündung. Die Zimmertemperatur sollte – besonders bei Fieber- und Erkältungskrankheiten – nicht über 20 Grad liegen.
Außerordentlich wichtig ist auch die Sauberkeit im Krankenzimmer. Wischen Sie es möglichst jeden Tag feucht. Es sollte keinesfalls gefegt werden, da der aufwirbelnde Staub viele Bakterien enthält. Speisereste und Ausscheidungsprodukte müssen Sie wegen der Bakterien immer sofort aus dem Zimmer entfernen. Der Schlafanzug soll täglich gewechselt werden, und auch das Bett sollte bei Fiebererkrankungen möglichst täglich frisch bezogen werden.
Lassen Sie niemals Medikamente frei im Zimmer herumliegen, weil Ihr Kind sie versehentlich zu seinem Schaden einnehmen könnte.

Verhalten der Bezugsperson

Natürlich sind Sie besorgt, wenn Ihr Kind krank ist. Aber lassen Sie das Kind dies möglichst nicht spüren. Strahlen Sie Ruhe und Zuversicht aus, damit es nicht unsicher und ängstlich wird. Alle Vorkehrungen sollten unauffällig getroffen werden, ohne Hektik und Aufregung.
Kranke Kinder verlangen häufig sehr stark nach der Nähe der Mutter. Lassen Sie Ihr Kind durch die geöffnete Tür miterleben, was Sie tun. Vielleicht können Sie auch einen Teil der Arbeit an seinem Bett verrichten.
Nehmen Sie sich Zeit, ihm etwas zu erzählen, mit ihm Bilderbücher anzuschauen und ihm Spiele zu erklären. So wird es sich nicht ausgeschlossen, sondern geborgen fühlen.
Um Langeweile zu vermeiden, können Sie Ihrem Kind ruhig Spielsachen ins Bett geben. Basteln Sie ihm einen kleinen Bett-Tisch, an dem es sitzend seine Spielsachen aufbauen kann. Eine kleine Abwechslung

können Sie auch mit Musik- oder Märchenplatten bieten.
Doch selbst wenn Sie sich alle Mühe geben, Ihrem Kind die Langeweile im Bett zu vertreiben, kommt wahrscheinlich der Augenblick, in dem es unbedingt aufstehen will. Lassen Sie das nach Möglichkeit vorübergehend zu. Immer mehr Ärzte sind jetzt der Meinung, daß bei nicht allzu schweren Krankheiten eine totale, erzwungene Bettruhe und Passivität dem Kind seelisch mehr schaden als körperlich nützen. Nach einer Weile, in der es sich im Zimmer bewegt hat, wird es sich gerne wieder hinlegen. Große Aufregungen (den Besuch anderer Kinder, das Toben der Geschwister) sollten Sie bis zur völligen Genesung möglichst verhindern.

Arztbesuch und Krankenhaus

Bereiten Sie Ihr Kind jedesmal auf den Arztbesuch vor. Erklären Sie ihm, daß der Arzt kommen wird, um zu helfen, und erzählen Sie, was er alles tun wird. Bei der Untersuchung bleiben Sie im Zimmer, damit Ihr Kind nicht plötzlich mit einer ihm fremden Person allein sein muß und Sie es bei ängstlichen Reaktionen beruhigen und trösten können. Sprechen Sie so mit dem Arzt, daß Ihr Kind fühlt, daß Sie ihn mögen und Vertrauen zu ihm haben. Sie können auch in Anwesenheit des Kindes ganz offen mit dem Arzt über die Art der Krankheit reden. Auch um die Dauer der Bettruhe sollten Sie kein Geheimnis machen. Es wäre falsch, dem Kind etwas zu versprechen („Morgen bist Du wieder gesund und darfst aufstehen!"), was in ihm unrealistische Hoffnungen erweckt. Stimmen Sie einer Einlieferung ins Krankenhaus zur Beobachtung, Untersuchung oder Behandlung nur zu, wenn es unbedingt notwendig ist. Denn selbst bei sorgfältigster Vorbereitung wird dies einen Schock für Ihr Kind bedeuten. Vielleicht erlebt es die Trennung von Ihnen gar als Strafe. Die seelischen Auswirkungen sind dann oft noch schwerer zu heilen als die körperliche Erkrankung. Manche Kliniken geben daher den Müttern Gelegenheit, die Zeit im Krankenhaus mit ihrem Kind zu verbringen. Das sollten Sie unbedingt tun, wenn Sie sich das zeitlich und finanziell erlauben können.

Keine Angst vor Verwöhnung

Kranke Kinder sind meist zärtlichkeitsbedürftiger, sie wollen die Mutter am liebsten ständig bei sich haben. Sicher möchten Sie alles tun, um Ihrem Kind seine Situation zu erleichtern. Sie werden ihm die Gerichte und Getränke geben, die es besonders gern mag, sie werden ihm noch mehr Zeit als sonst widmen, mit ihm spielen und geduldig seine Extrawünsche erfüllen. Auch auf die gesteigerte Empfindlichkeit und Launenhaftigkeit nehmen Sie Rücksicht. Das ist auch völlig richtig. Gerade in diesem Alter wird eine Krankheit ja noch viel intensiver erlebt, da das Kind nichts über ihre Ursache und ihren Verlauf weiß. Ihre Liebe und große Zuwendung sind somit ein kleiner Ausgleich für die Behinderung durch die Krankheit. Sobald es sich wieder besser fühlt, möchte es, auch wenn Sie es ein wenig verwöhnt haben, gewiß von selbst wieder aktiv sein. Eine Gefahr würde nur dann bestehen, wenn Sie den „Normalisierungsprozeß" zu lange hinauszögerten, denn dann könnte Ihr Kind leicht die Neigung entwickeln, Wehleidigkeit und Schwäche als Druckmittel einzusetzen. Es könnte sich zu einem besonders anspruchsvollen Kind entwickeln, das andere herumkommandiert und sich von ihnen bedienen läßt.

Wichtige Symptome beim kranken Kind

Der folgende, größere Buchabschnitt ist dem Thema Krankheitssymptome und Kinderkrankheiten vorbehalten. Denken Sie daran, daß diese Informationen nicht einen Arzt ersetzen wollen (sie könnten das auch bei aller Ausführlichkeit nicht). Es handelt sich vielmehr um Anhaltspunkte, die Sie aufmerksamer machen, Ihr Kind ständig auch körperlich gut zu beobachten. Wenn Ihnen bei Ihrem Kind irgend etwas auffällt, was Ihnen unerklärlich ist oder auf eine Krankheit hindeutet, sollten Sie in aller Regel einen Arzt konsultieren, um Komplikationen zu vermeiden, die sich bei zu langem Warten einstellen können.

Fieber

- Ursache: Fieber kann ein Zeichen für vielerlei Störungen im Organismus sein und tritt dementsprechend häufig auf. Von Fieber spricht man, wenn die Körpertemperatur auf über 37,5 Grad ansteigt. Das zuverlässigste Ergebnis erhalten Sie, wenn Sie die Temperatur bei etwa 18 bis 20 Grad Zimmerwärme rektal, also im After, messen.

Das Fieber selbst ist keine Krankheit, sondern eine Abwehrreaktion des Körpers. Es entsteht nach Infektion mit Bakterien, Viren oder Bazillen oder im Körper selbst, etwa bei Gewebszerfall oder beim Abbau von Blutergüssen. Das Fieber gehört schon zum Heilungsprozeß, da es den Wärmestau ableitet, der infolge der Fehlregulation entstanden ist. Das Alter Ihres Kindes spielt dabei keine Rolle. Nur frühgeborene oder durch lange Krankheit stark geschwächte Kinder sind zu einer derartigen Abwehrreaktion des Körpers nicht mehr fähig. Beim Fieber wird der gesamte Organismus erheblich geschwächt, da der Stoffwechsel stark beschleunigt ist.

- Symptome: Bemerken Sie, daß Ihr Kind ohne sonst erkennbaren Grund stark schwitzt oder übermäßig gerötete Wangen hat und schneller als sonst atmet, so sind das in der Regel Anzeichen für erhöhte Temperatur. Damit verbunden sind beschleunigte Herztätigkeit und Pulsschlagfolge. Nicht selten kommt bei hohem Fieber Kopfweh hinzu. Bei Fieber von 40 Grad und mehr werden die Kinder von einer allgemeinen Unruhe befallen, haben manchmal Wahnvorstellungen und schreien oder weinen viel. Hält das Fieber über mehrere Tage an, wird es wegen Appetitlosigkeit Schwierigkeiten bei den Mahlzeiten geben. Es kommt auch zu Stuhlverstopfungen, weil die Stühle durch den Wasserentzug bei starkem Schwitzen hart werden. Bei sehr hohem Fieber bekommen manche Kinder Krämpfe und Ohnmachtsanfälle und/oder verfallen sogar in länger andauernde Bewußtseinstrübung.
- Behandlung: Das Fieber steigt manchmal sehr rasch. Auf jeden Fall sollten Sie sofort einen Arzt benachrichtigen, auch nachts oder sonntags, wenn Sie bei Ihrem Kind Temperaturen über 39 Grad messen. Niedrigeres Fieber, das über 48 Stunden anhält, ist ebenso ein Fall für den Arzt. Man wird Ihr Kind gründlich untersuchen und eine Behandlung einleiten.

Sie selbst helfen Ihrem Kind, wenn Sie ihm viel zu trinken geben, um die fehlende Flüssigkeit wieder zu ersetzen. Es ist nicht ungewöhnlich, wenn Ihr Kind jetzt wenig ißt. Bieten Sie ihm statt der üblichen Kost lieber saftiges, frisches Obst, gehaltvolle Suppen und dergleichen an. Das Essen darf leicht gesalzen sein, da der kleine Körper mit dem Schweiß Natrium, Kalium, Kalzium, Phosphor und andere wichtige Mineralien verliert. Bettruhe ist möglichst immer einzuhalten. Ab 38,5 Grad Fieber helfen Sie Ihrem Kind sehr mit einem alten Hausmittel, mit Wadenwickeln. Dazu nehmen Sie Windelstreifen oder etwas ähnliches, machen sie mit kaltem Wasser gut naß (nicht triefend) und wickeln sie dem Kind etwa so fest wie einen normalen Verband um die Waden. Diese Prozedur wiederholen Sie etwa alle 30 Minuten. Das ist für Sie und Ihren kleinen Patienten eine etwas mühsame, aber erfolgversprechende Behandlung. In vielen Fällen können Sie schon damit die Temperatur wieder herunterdrücken.

Schnupfen

- Ursache: Eine Entzündung der Nasenschleimhaut führt zum Schnupfen. Erreger sind Viren, zum Teil auch Bakterien, die meistens durch die sogenannte Tröpfcheninfektion (Ansteckung durch keimhaltige, kleinste Tropfen beim Husten oder Niesen) übertragen werden. Deswegen niest oft bald die ganze Familie, wenn ein Familienmitglied Schnupfen hat. Die Ansteckungskraft der Erreger genügt aber nicht immer, um gleich eine Krankheit auszulösen. Sie setzen sich auf der Schleimhaut des Nasen-Rachen-Raums fest, und es genügt oft Zugluft, eine Unterkühlung, Durchnässung oder Temperaturschwankung – vor allem in der Übergangszeit –, und schon niest Ihr Kind. Im übrigen kann Schnupfen aber auch ein Symptom für Masern sein. Allerdings bedeutet nicht jedes Niesen gleich Schnupfen. Säuglinge säubern auf diese Weise die Nase von Staub usw.
- Symptome: Beginnt bei Ihrem Kind ein Schnupfen, so zeigt sich das an einer Rötung und Schwellung der Nasenschleimhaut. Die Nase sondert dann dünnflüssigen, glasklaren Schleim ab. Kommen zu den Viren auch noch Bakterien, wird der Schleim etwas zäher, grüngelb und eitrig.
- Behandlung: Kleinkindern säubern Sie die Nase mehrmals täglich, am besten mit Wattestäbchen. Ältere Kinder, die sich schon selbst die Nase putzen, sollten nur Wegwerftaschentücher aus Zellstoff benutzen, um eine immer neue Eigenansteckung zu verhindern. In der Apotheke bekommen Sie die vom Arzt verordneten Nasentropfen oder Nasensalben, die Sie genau nach Angabe Ihrem Kind verabreichen.

Bekommt das Kind zusätzlich zum Schnupfen über 38 Grad Fieber und/oder wird der austretende Schleim eitrig, sollten Sie auf jeden Fall einen Arzt hinzuziehen.

- Verlauf und Komplikationen: Im Normalfall ist die Krankheit nicht beängstigend und meist nach ein paar Tagen schon wieder abgeklungen.

Ein Schnupfen kann sich zu einer Entzündung der Nasennebenhöhlen, das heißt der Kieferhöhlen und Stirnhöhlen (vom Kleinkindalter an), ausweiten. Charakteristisch für Nasennebenhöhlen-Entzündungen ist ein andauernder, dumpfer Kopfschmerz. Mindestens genauso schmerzhaft ist eine Mittelohrentzündung, die bei Kindern besonders leicht als Folge einer Erkältung entsteht. Wenn es sich um einen eitrigen Schnupfen handelt, läuft eitriger Schleim die hintere Rachenwand hinunter in die Luftröhre und in die Bronchien. Dann besteht die Gefahr, daß sich eine Bronchitis entwickelt.

Sobald Sie also bemerken, daß Ihr Kind unter der Erkältung sehr leidet, sollten Sie es unbedingt von einem Arzt untersuchen und behandeln lassen.

Husten

• Ursache und Vorkommen: In der kalten Jahreszeit kann als Folge einer Unterkühlung bei Kindern jeden Alters Husten auftreten. Verursacht wird er fast immer von Entzündungen im Nasen-Rachen-Raum. Dabei sind zuerst Luftröhre und Kehlkopf beteiligt. Steigt die Infektion aber tiefer, so werden auch die Bronchien und eventuell das Lungengewebe in Mitleidenschaft gezogen.
Die einfache Infektion, die nur in der Luftröhre sitzt, ist nicht weiter schlimm. Ihr Kind hustet dann etwas rauh (es „bellt") und ist meistens auch heiser. Bei geeigneter Behandlung klingt der Hustenreiz nach ein paar Tagen wieder ab.
Sind die Bronchien schon beteiligt, wird der Husten voller, und beim Hustenanfall kommt auch Schleim mit herauf, den das Kind meist gleich hinunterschluckt.
Eine sehr ernsthafte Bedrohung des Kindes bedeutet die Lungenentzündung. Dabei hat das Kind hohes Fieber, und seine Atmung ist besonders erschwert. Das Kind bewegt die Nasenflügel, um leichter Luft zu bekommen. Der kleine Körper wird dann häufig von quälenden Hustenanfällen geschüttelt.
Eine Bronchiospastik ist daran zu erkennen, daß das Kind beim Ausatmen etwas keucht und ein feines Giemen hören läßt. Wesentlich gefährlicher, weil unter Umständen wiederkehrend, ist die bei Schafshusten (Krankheitsbild Pseudokrupp) drohende Erstickungsgefahr. Man erkennt den Schafshusten leicht am trockenen, tonlosen Klang beim Husten, der deutlich sichtbaren Atemnot und am Einziehen des Brustkorbs, eventuell an Blausucht (die gesamte Haut, besonders die Lippen, verfärben sich bläulich). Bei diesen Krankheitssymptomen müssen Sie Ihr Kind so schnell wie möglich in eine Klinik zur Behandlung bringen.
• Behandlung: Handelt es sich um einen leichten Husten, werden die Symptome schon bald schwächer, wenn Sie Ihrem Kind einen vom Arzt verordneten Hustensaft geben. Zusätzlich empfiehlt es sich, den Oberkörper mit einem Hustenbalsam einzureiben und während der lästigen Anfälle den Rücken leicht von unten nach oben abzuklopfen.
Die Behandlung von lang anhaltendem Husten, besonders bei Fieber, müssen Sie unbedingt dem Arzt überlassen. Er kann feststellen, um welche Grundkrankheit es sich handelt.
Längere Behandlung durch den Facharzt benötigt das Bronchialasthma (→ S. 139f.).
• Oft hustet Ihr Kind, weil ihm ein Fremdkörper in die oberen Luftwege oder in die Bronchien geraten ist. Dabei kommt es zu einem plötzlichen Hustenanfall, der erst dann vorüber ist, wenn der Zwiebackkrümel, die Erdnuß oder was sonst die Störung verursachte, wieder in die Mundhöhle heraufgehustet wurde.
Ist der Fremdkörper nicht mehr „herauszuhusten", besteht Erstickungsgefahr. Rufen Sie dann so schnell wie möglich einen Arzt zu Hilfe, suchen Sie eine Klinik auf, oder, falls beides unmöglich ist (auf der Reise, im Flugzeug), halten Sie das Kind mit Kopf und Oberkörper nach unten, und klopfen Sie kräftig den ganzen Rücken ab.

Ohrenweh

• Ursache: Die Hohlräume des Mittel- und Innenohrs sind mit Schleimhaut ausgekleidet und besonders anfällig für Entzündungen. Sowohl Säuglinge als auch ältere Kinder sind für Ohrerkrankungen anfällig.
Eine Mittelohrentzündung entsteht häufig als Folge von Schnupfen, Angina, Nebenhöhlenentzündungen oder auch durch Infektionskrankheiten wie Grippe, Schar-

lach oder Masern. Ohrenschmerzen können aber auch auf eine Entzündung im äußeren Gehörgang zurückzuführen sein.

• Symptome: Kleinkinder, die sich ständig ans Ohr greifen und dabei vor Schmerz weinen, sind im Hinblick auf Ohrenweh immer höchst verdächtig. Stellt man dann bei dem Kind noch hohes Fieber fest, ist der Verdacht auf Mittelohrentzündung ziemlich naheliegend.

• Behandlung: Eine ärztliche Behandlung der Mittelohrentzündung ist notwendig. Der Arzt wird versuchen, die Entzündung mit Antibiotika zu bekämpfen. Wurde mit der Behandlung jedoch nicht rechtzeitig begonnen, muß eventuell das Trommelfell durchstoßen werden, damit der Eiter abfließen kann.

Sie selbst können darauf achten, daß Ihr kleiner Patient auf keinen Fall Zugwind abbekommt, und sollten ihm auch zu Hause eine Mütze aufsetzen. Wärme ist als natürliche Therapie bei derlei Erkrankungen am wichtigsten.

• Verlauf und Komplikationen: Beim einfachen Verlauf kann die Mittelohrentzündung nach ein bis zwei Tagen abgeklungen und nach einer Woche vollständig abgeheilt sein. Wird nicht rechtzeitig behandelt, sucht sich der Eiter einen Weg, und es kann zum Durchbruch des Trommelfells kommen, oder, noch gefährlicher, die Eiterdurchbrüche gelangen hinter das Ohr und dringen in den Knochen ein. Derlei Komplikationen müssen dann operativ behandelt werden und haben manchmal eine lebenslange Schwerhörigkeit zur Folge.

• Es geschieht häufig, daß Kinder, die ihren Körper „erforschen", sich im Spiel Fremdkörper in den äußeren Gehörgang stecken. Ein Bleistiftstummel, ein Radiergummi oder auch Papierkügelchen können dann erhebliche Schmerzen oder sogar eine eitrige Entzündung auslösen, wenn sie nicht vom Arzt wieder aus dem Gehörgang entfernt werden.

Kopfschmerzen

• Ursache: Plötzliche Kopfschmerzen bei Ihrem Kind können verschiedene Ursachen haben. Ein Sturz auf den Kopf kann den Schmerz auslösen, Kreislaufunregelmäßigkeiten oder eine allgemeine Schwäche können aber ebenso beteiligt sein. Infektionskrankheiten, wie z. B. Entzündungen der Nasennebenhöhlen oder eine Hirnhautentzündung, können wegen des Krankheitsherdes in der Kopfregion akute Kopfschmerzen bewirken. Auch Fieber und Hitzschlag verursachen Kopfschmerzen.

Die nächstliegenden Gründe für chronische Kopfschmerzen sind Vereiterung der Nasennebenhöhlen (Kieferhöhlen und Stirnhöhlen), Kreislauflabilität (z.B. große Schwankungen des Blutdrucks), Wetterfühligkeit und Verdauungsstörungen, z. B. chronische Verstopfung. Auch noch nicht festgestellte Sehfehler können Kopfschmerzen verursachen. Der Arzt muß bei chronischen Kopfschmerzen unbedingt hinzugezogen werden, damit eine ernstere Erkrankung, wie z. B. Gehirndruck, ausgeschlossen werden kann. Bei vielen Kindern, die an chronischen Kopfschmerzen leiden, liegen auch seelische Gründe vor.

• Symptome: Das Kind ist, wenn es Kopfschmerzen hat, gereizt und unkonzentriert, bei Sonnenlicht oder greller künstlicher Beleuchtung schmerzen ihm die Augen.

Je nach Ursache können die Schmerzen zunehmend, oft halbseitig oder bandförmig sein oder nur an bestimmten Regionen des Kopfes auftreten. Zum Teil kommt es zu Erbrechen und Benommenheit.

• Behandlung: Die Eltern sollten das Kind in jedem Fall in einem ruhigen, leicht abgedunkelten Raum flach hinlegen und bei anhaltendem Schmerz einen Arzt verständigen.

Der Verlauf und die Behandlung richten sich nach der Ursache der Schmerzen. Medikamente können nur den momentanen Schmerz, nicht aber die Schmerzursache beseitigen.

Augenringe und Blässe

- Ursache: Wenn Kinder Ringe unter den Augen haben und auch sonst schlecht aussehen, schließt man leicht auf eine Magen-Darm-Erkrankung oder eine Ernährungsstörung. Das können zwar, müssen aber nicht die Ursachen sein. Schlechter Schlaf, innere Erkrankungen, Blutarmut (Anämie) und Wurmerkrankungen sind viel häufiger die Gründe.
Das schlechte Aussehen ist meistens mit allgemeiner Mattigkeit und Abgeschlagenheit, oft auch mit Appetitlosigkeit, verbunden.
- Behandlung: Gönnen Sie Ihrem Kind Ruhe, und lassen Sie es schlafen, soviel es will. Bessert sich dann der Zustand nach einigen Tagen nicht, verständigen Sie einen Arzt.

Schwächezustände (Kreislauf)

- Ursache: Schwächezustände bei Kindern aller Altersstufen haben ihre Ursachen meist in Störungen des Kreislaufs oder in einem Herzfehler.
- Symptome: Auffällig sind bei diesen Zuständen feucht-kalte Hände und Füße, kalter Schweiß am ganzen Körper und ein blasses Mund-Dreieck. Als Wattelaufen bezeichnet man das dabei auftretende, vorsichtig tastende Gehen aufgrund der Benommenheit und des „Brummens" im Kopf. Weitere Anzeichen sind Schwindel, Herzklopfen, Augenverdrehen und blasse, schließlich bläuliche Färbung am ganzen Körper, zum Teil Übelkeit und Erbrechen.
- Behandlung: Legen Sie das Kind hin, sorgen Sie für frische Luft, legen Sie eventuell eine kalte Kompresse auf seine Stirn, beruhigen Sie das Kind, und rufen Sie sofort einen Arzt, um einem möglichen Kreislaufversagen vorzubeugen.

Schwindelanfälle

- Ursache: Schwindelanfälle lassen sich erst im Kleinkindalter feststellen, wenn das Kind schon stehen oder sich schon sprachlich äußern kann. Die Ursachen für einen Schwindelanfall sind entweder Kreislaufstörungen (→ linke Spalte) oder Erkrankungen, die auf das Gleichgewichtsorgan im Ohr einwirken. So kann z. B. eine komplizierte Mittelohrvereiterung durchaus das Gleichgewichtsorgan beeinflussen und ein Schwindelgefühl auslösen (→ S. 126f.).
- Symptome: Gleichgewichtsstörungen erkennt man daran, daß Kinder, die schon sicher stehen und geradeaus gehen können, aus keinem anderen erkennbaren äußeren Grund sich nur sehr unsicher aufrecht halten oder sogar hinfallen.
- Behandlung: Bei Schwindelanfällen sollten Sie stets einen Arzt zu Rate ziehen.

Bewußtlosigkeit

- Ursache: Bewußtlosigkeit ohne klar erkennbare Ursache ist bei einem Kind immer ein Alarmzeichen. Mögliche Ursachen sind:
  - Kreislaufversagen,
  - Schwächung des Kindes,
  - schwerwiegende Allgemeinerkrankung (schwere Nierenerkrankung, Lebererkrankung oder entgleiste Zuckerkrankheit),
  - epileptiformer Krampfanfall (epilepsieähnlicher Anfall),
  - epileptischer Krampfanfall,

– Sturz, eventuell innere Kopfverletzung,
– Vergiftung.

• Symptome: Das Kind ist nicht ansprechbar, atmet langsamer und tiefer als normalerweise, und die Pupillen werden träge und reaktionslos.

• Behandlung: Es muß umgehend ein Arzt verständigt werden. Lagern Sie den Kopf des Kindes seitwärts, damit eventuell Erbrochenes dem Kind nicht die Atemwege versperrt (Erstickungsgefahr). Befindet sich schon Erbrochenes im Nasen-Rachen-Raum, muß es sofort entfernt werden (→ Elternbuch 1, Erste Hilfe, S. 39).

Akute Bauchschmerzen

• Ursache: Bauchschmerzen, die hin und wieder in jedem Alter Ihres Kindes auftreten, sind noch kein spezifisches Krankheitszeichen. Als harmloseste Ursache, die allen Eltern bekannt sein dürfte, gelten leichte Ernährungsfehler (zuviel Bonbons, Schokolade oder verdorbene Lebensmittel) und Blähungen. Ernstere Ursachen sind Erkrankungen im Magen-Darm-Trakt, wie z. B. eine akute Vergiftung, Wurmkrankheiten, fieberhafte Durchfälle (schleimig-wässerige Stühle), Koliken (Nieren- oder Gallensteine), Blinddarmentzündung und Bauchfellentzündung. Auch eine Harnwegsinfektion und sogar eine Lungenentzündung können die Ursache für Bauchschmerzen sein.

• Symptome: Je nach Sitz der Erkrankung empfindet das Kind Druckschmerz und reagiert berührungsempfindlich. Manchmal ist der Bauch auch aufgebläht und die Bauchdecke gespannt. Aber auch Durchfall und Verstopfung können Anzeichen sein.

• Behandlung: Können Sie aus den Angaben Ihres Kindes entnehmen, daß die Schmerzen eine harmlose Ursache haben, genügt es meist, eine Mahlzeit ausfallen zu lassen und etwas Kamillentee oder Fencheltee anzubieten. Ruhige Lagerung unterstützt diese Therapie.
Kommt es aber zu Erbrechen, Fieber und einer allgemeinen Mattigkeit des Kindes, sollten Sie es ins Bett legen und ihm keine Nahrung mehr geben, bis Sie einen Arzt verständigt haben, der Ihnen dann weitere Ratschläge gibt.
In einigen Fällen, z. B. bei akuter Blinddarmentzündung, muß schnellstens operiert werden.

Durchfall

• Ursache und Vorkommen: Beim Kleinkind treten Durchfälle seltener auf als beim Säugling. Meistens wird die Störung durch eine Infektion des Darms mit bakteriellen und viralen Erregern ausgelöst. Auch aufgrund von Infektionen wie Lungen- oder Mittelohrentzündung, Grippe, Nasen- und Racheninfekten können Durchfälle entstehen. Manchmal verträgt das Kind aber auch gewisse Medikamente nicht, die es wegen einer anderen Erkrankung einnehmen muß. Besonders nach der Einnahme von Antibiotika kann es durch Veränderung der Darmflora zum Durchfall kommen. Auch Überfütterung, verdorbene Nahrungsmittel und ungewaschenes Obst können Durchfall herbeiführen.

• Symptome: Die Krankheit beginnt meist mit Appetitlosigkeit, Verweigerung der Nahrung, Unruhe und Stuhldrang. Die Stühle werden dünnbreiig bis wässerig, spritzend und stinkend. Es kann auch Schleim oder Blut beigemengt sein. Es können mehr als zehn Stuhlentleerungen am Tag erfolgen. Das kranke Kind verliert viel Flüssigkeit, was man an den eingesunkenen Augen, Hautfalten und der ausgetrockneten Zunge erkennt. Fieber kann auftreten, ist aber kein typisches Zeichen. Dagegen sind Durchfälle immer von kolikartigen Bauchschmerzen begleitet.

• Behandlung: Bei drei- bis fünfmaligem Durchfall innerhalb eines Tages oder länger andauerndem Durchfall sollten Sie einen Arzt zu Rate ziehen (hoher Flüssigkeitsverlust!), der die Diät gegebenenfalls durch Medikamente unterstützt. Damit die Ursache der Störung rasch festgestellt werden kann, heben Sie den Stuhl auf, um ihn dem Arzt zu zeigen.

Bei älteren Kindern und nicht zu schwerer Erkrankung lassen Sie am ersten Tag jede Nahrung weg und geben dem Kind nur reichlich Tee (den zweiten Aufguß eines leicht gesüßten Schwarztees mit einer Prise Salz). Wegen der vermehrten wässerigen Stühle soll das Kind viel trinken, weil der hohe Wasserverlust ausgeglichen werden muß. Am zweiten Tag gibt es Tee, Zwieback, Salzkarotten, Bananen, Äpfel oder Reis- oder Haferschleim, der in Wasser mit etwas Salz gekocht wird. Am dritten Tag darf das Kind schon etwas Magerquark mit Zucker und Bananen bekommen, und am vierten Tag wird die Kost durch Nudeln oder Griesbrei mit etwas magerem Fleisch erweitert. Einige Hersteller bieten eine Diät-Fertignahrung an, die Ihnen einen großen Teil Arbeit abnimmt und Ihrem Kind bestimmt gut schmeckt.

Erbrechen

• Ursache: Häufig findet sich Erbrechen als Krankheitsanzeichen bei

- Erkrankungen des Magen-Darm-Traktes (fieberhafter Brechdurchfall durch virale oder bakterielle Infektion des Verdauungsapparates, Blinddarmentzündung),
- Ernährungsfehlern (Überangebot von Obst und Süßigkeiten, verdorbenes Obst oder Fleisch, „aufgehobene" Konserven, Alkohol),
- Gehirnhautreizung, Gehirnhautentzündung, Gehirnerschütterung durch Sturz,
- Hitzschlag,
- Kreislauflabilität,
- psychischem Streß (unruhiges Milieu, abgelehnte Bezugspersonen).

• Symptome: Die Kinder werden von Übelkeit und Schwindelgefühl befallen und erbrechen unter Würgen unverdaute oder angedaute Nahrung. Durch häufiges Erbrechen nimmt das Kind stark ab und verliert viel Wasser und lebenswichtige Salze.

• Behandlung: Der Arzt muß bei häufigem Erbrechen (und zusätzlichen Symptomen) die Ursache feststellen und eine entsprechende Therapie einleiten. Sie bieten inzwischen dem Kind schluckweise Tee oder Coca-Cola an (Kohlensäure vorher herausquirlen!). Schonkost, verminderte Nahrungsmengen und vermehrte Flüssigkeitszufuhr sind geeignete Mittel, wenn das Erbrechen in einer harmlosen Ernährungsstörung seine Ursache hat.

Koliken und Blähungen

• Ursache: Beim Kleinkind entstehen Blähungen durch Verschlucken von Luft oder durch blähende Speisen (Mehlspeisen, Erbsen, Linsen, Bohnen, Gurken, Süßigkeiten). Der vermehrte Gasgehalt dehnt und reizt den Darm, der dann Schmerzen verursacht. Heftige Koliken verursachen Nieren- oder Gallensteine, die allerdings bei Kindern höchst selten vorkommen.

• Symptome: Koliken verursachen ungewöhnlich starke, krampfartige Schmerzen, die oft wellenförmig verlaufen und sogar die Atmung beeinträchtigen können. Der Schmerz bei einer einfachen Blähung wird ähnlich empfunden, wenn auch nicht so stark.

• Behandlung: Feuchtwarme Bauchwickel sind ein bewährtes Mittel, den Darm zu entkrampfen und somit die Schmerzursache zu beseitigen. Achten Sie darauf, daß das Kind nicht mehr so hastig Nahrung aufnimmt. Bei länger anhaltenden oder heftigen Beschwerden oder zusätzlichen Symptomen wie Erbrechen, Fieber, Mattigkeit, müssen Sie einen Arzt verständigen.

Chronische Bauchschmerzen

• Ursache und Symptome: Bei manchen Kindern treten bereits im Kleinkindalter häufige und immer wiederkehrende Bauchschmerzen auf. Die Eltern sind dann oft ratlos, weil keine äußere Krankheitsursache feststellbar ist.
In vielen Fällen sind die Schmerzen auf Ernährungsstörungen und die damit verbundenen Verdauungsschwierigkeiten zurückzuführen.
Bauchschmerzen können aber auch durch organische Erkrankungen ausgelöst werden.
Dauerschmerz ist selten. Bei nüchternem Zustand tritt der Schmerz brennend auf, wenn die Magenschleimhaut entzündet ist.
• Behandlung: Bevor die Eltern einen Arzt verständigen, sollten sie zweckmäßigerweise die Eßgewohnheiten des Kindes beobachten und möglichst etwas Kot (in Stuhlwindel) und gegebenenfalls Urin zur Untersuchung mitbringen. Der Arzt kann dann leichter eine sichere Diagnose stellen und eventuell die erforderliche Behandlung einleiten.

Verstopfung (harte Stühle)

• Ursache: Von Verstopfung spricht man bei verzögerter oder mengenmäßig allzu geringer Darmentleerung. Bei Kindern ist die Verstopfung selten organisch bedingt (allenfalls durch Erkrankungen der Bauchspeicheldrüse, Galle, Fehlbildung des Enddarms). Die Ursache ist meistens falsche Ernährung und zu wenig körperliche Bewegung. Ist die Kost nämlich schlackenarm, so wird sie im Dünndarm weitgehend verdaut und im Dickdarm zu stark eingedickt. Bei fiebrigen Erkrankungen wird dem Stuhl zuviel Wasser entzogen (Flüssigkeitsverlust durch Schweiß). Auch Bettruhe, Störungen im regelmäßigen Tagesablauf und psychische Störungen führen bei Kindern häufig zur Unterdrückung des Stuhldrangs und dadurch mit der Zeit zur Verstopfung.
• Symptome: Hat das Kind nur alle zwei bis drei Tage Stuhlgang, so ist dies bereits ein Zeichen, das man beachten sollte. Die Stühle sind dann auch trocken und hart und werden in kleinen, kugeligen Portionen als sogenannter Schafskot ausgestoßen. Viele Kinder klagen auch über Blähungen, Völlegefühl, Appetitlosigkeit, Müdigkeit und Kopfschmerzen und empfinden ein unangenehmes Aufstoßen.
• Behandlung: Um die Nahrung leichter verdaulich zu machen, sollten die Kinder schlackenreiche Kost und viel frisches Obst und Joghurt bekommen. Schieben Sie eine ärztliche Behandlung nicht zu lange hinaus, da es sonst zu chronischer Verstopfung kommen kann. Der Arzt wird mit einem geeigneten Abführmittel die akute Verstopfung beheben und dann eine Behandlung der zugrundeliegenden Krankheit beginnen.
Sind psychische Störungen die Ursache, kann Verhaltenstherapie im allgemeinen Hilfe bringen.

Appetitlosigkeit

• Ursache: Tritt bei einem bisher gesunden und gut essenden Kind plötzlich Appetitlosigkeit auf, so ist dies oft ein erstes Symptom einer Erkrankung (Angina, Masern, Keuchhusten, Lebererkrankung u. a.).
Allerdings klagen viele Mütter über die

Appetitlosigkeit ihrer Kinder, obwohl diese keineswegs unterernährt aussehen. Häufig überschätzen sie einfach die Nahrungsmengen, die ein Kind braucht. Mit dem ständigen Vorwurf, es esse zu wenig, vermindern Sie in der Regel den Appetit Ihres Kindes zusätzlich.

- Symptome: Mattigkeit, Lustlosigkeit beim Essen, Herumstochern im Teller und verminderte Nahrungsaufnahme zeigen Ihnen, daß Ihr Kind keinen Appetit hat.
- Behandlung: Geht die Appetitlosigkeit nicht vorüber, muß ein Arzt zu Rate gezogen werden. Im Kapitel über die Ernährung (→ S. 14ff.) finden Sie Hinweise, wie Sie Ihr Kind durch nett hergerichtete Speisen zum Essen anregen können.

Schlafstörungen

- Ursache: Nervöse Kinder schlafen von Natur aus unruhig und sprechen hin und wieder auch im Schlaf. Besorgniserregende Anzeichen sind jedoch wiederholtes, häufiges Aufwachen in der Nacht oder Aufschreien ohne erkennbaren Grund. Schlafstörungen treten in letzter Zeit bei Kindern aller Altersstufen gehäuft auf. Folgende Ursachen kommen besonders in Betracht:
  - schwer verdauliches Abendessen,
  - zu reichliches Abendessen,
  - aufregendes Fernsehprogramm (Krimi),
  - unruhige Umgebung,
  - zu warmes Schlafzimmer,
  - spezielle Verhaltensstörungen.
- Behandlung: Bessern sich die Schlafstörungen nicht, obwohl die äußeren Umstände nicht ungünstig sind, müssen Sie Ihr Kind einem Arzt vorstellen. Eventuell besteht eine organische Erkrankung. Ist das nicht der Fall, so können vielleicht Verhaltenstherapie oder Heilpädagogik Ihrem Kind helfen.

Bettnässen

- Ursache und Symptome: Häufig beobachten Eltern mit Sorge, daß ihr Kind, das schon längst „sauber" war, besonders nachts mehrmals wieder einnäßt. Diese Erscheinung kann ein gelegentlicher Rückfall in die Gewohnheiten des Kleinkindalters, eine Verhaltensstörung (z. B. bedingt durch Geschwisterrivalitäten) oder eine organische Erkrankung sein, deren Ursache z. B. eine Infektion oder Mißbildung der Harnwege und der dazu gehörenden Organe oder eine Zuckerkrankheit ist.
- Behandlung: Ist eine organische Erkrankung feststellbar, muß ein Arzt die Behandlung übernehmen. Sind organische Erkankungen aber ausgeschaltet und es tritt keine Besserung ein, sollten Sie mit dem Kind eine Verhaltenstherapie oder eine heilpädagogische Spieltherapie durchführen lassen. Schon seit mehreren Jahren wird auch mit gutem Erfolg eine Therapie angewandt, bei der das Kind mit Unterstützung eines Summtons Hemm- und Steuerimpulse aufbaut.

Häufige Krankheiten im Kindesalter

Angina

• Ursache: Angina ist die lateinische Bezeichnung für Mandelentzündung. Die akute Gaumenmandelentzündung (Tonsillitis) ist eine der häufigsten Krankheiten überhaupt. Diese bakterielle oder virale Infektion findet sich in jedem Lebensalter, besonders häufig bei Kleinkindern und Kindern im Schulalter. Oftmals haben die Kinder einen Schnupfen, als dessen Folge sich dann die Rachenmandeln entzünden.
• Symptome: Charakteristische Zeichen sind: Anschwellen der Rachenmandeln, Schluckbeschwerden, Mundgeruch; hinzutreten können Fieber, Kopfweh, Gliederschmerzen und Abgeschlagenheit. Die Schwellung können Sie bei Ihrem Kind leicht kontrollieren: Drücken Sie mit einem Löffelstiel bei geöffnetem Mund die Zunge des Kindes etwas nach unten, lassen Sie es „A" sagen, und achten Sie darauf, ob der Rachen-Ring gerötet und geschwollen ist und ob die Mandeln entzündet sind und schmutzig-weiße, stippchenartige Beläge haben.
• Behandlung: Fiebersenkende Medikamente und Antibiotika (z. B. Penicillin) und Lösungen zum Gurgeln, die der Arzt verordnet, oder Auspinseln bringen auch eine heftigere Entzündung meist rasch zum Abklingen.
Sie selbst können die Behandlung unterstützen und lauwarme Halswickel (mehrmals täglich, gegebenenfalls auch nachts) anlegen. Geben Sie Ihrem Kind weiche, breiige Kost.
• Verlauf: Der Verlauf der Entzündung ist im allgemeinen komplikationslos. Nach etwa zehn Tagen ist Ihr Kind wieder vollständig gesund und munter.
• Komplikationen: Besonders nach nicht ausreichend behandelten Anginen kommen rheumatische Erkrankungen, Herzmuskel- und Nierenentzündungen vor. Weitere Komplikationen können die eitrige Mittelohrentzündung und ein Abszeß an den Gaumenmandeln sein, der dann eine einseitige Schwellung des weichen Gaumens zur Folge haben kann. Bei wiederholter eitriger und chronischer Mandelentzündung wird manchmal die vollständige operative Herausschälung der Gaumenmandeln erforderlich. Diese Operation ist häufiger als alle anderen und erfordert einen Klinikaufenthalt von etwa einer Woche. Als Trost und Therapie dürfen die Kinder nach der Operation jede Menge Speiseeis essen, solange es nicht den Magen belastet.
Recht häufig ist bei Kindern die Wucherung der Rachenmandeln, die als sogenannter Polyp die Nasenatmung von innen her beeinträchtigen kann. Polypen werden operativ entfernt.
Hier wird über Diphtherie nichts weiteres ausgeführt, weil fast alle Kinder bereits im Babyalter gegen Diphtherie geimpft werden.
Solange Kinder nicht gegen Diphtherie geimpft wurden, war diese schwerwiegende Erkrankung (primär der Mandeln) eine sehr ernst zu nehmende Krankheit.

Pfeiffer' Drüsenfieber

• Ursache: Wahrscheinlich auf eine Virusinfektion zurückzuführen ist das Pfeiffer' Drüsenfieber. Die Krankheit tritt vor allem bei Jugendlichen auf, seltener bei Kleinkindern. Die weißen Blutkörperchen sind dabei um das Sechs- bis Achtfache vermehrt.

• Symptome: Das Drüsenfieber beginnt mit Halsschmerzen, Schluckbeschwerden und Fieber. Die Kinder haben dann ein großes Schlafbedürfnis und fühlen sich abgeschlagen, die Mandeln sind geschwollen und gerötet und zeigen dann schmierig-eitrige Beläge, die Sprache wird kloßig. Gleichzeitig schwellen die Lymphknoten im Kieferwinkel, häufig auch im Nacken, in den Achselhöhlen und Leistenbeugen bis zu Walnußgröße an. Auch die Milz, als Hauptorgan des lymphatischen Systems, ist mehr oder weniger stark geschwollen. Bei einigen Patienten kommen manchmal flüchtige Hautausschläge hinzu, die an Masern oder Scharlach erinnern.

• Behandlung: Während des Fieberstadiums ist Bettruhe erforderlich. Die Kinder halten sie überraschenderweise gern ein, da das oft Wochen andauernde Fieber eine erhebliche Mattigkeit erzeugt.
Ein Arzt, der in jedem Fall zugezogen werden sollte, wird vor allem ständig das Blutbild beobachten und versuchen, das Fieber zu senken.

• Verlauf und Komplikationen: Nach einigen Wochen klingt das Fieber wieder ab, doch können die Blutveränderungen noch eine ganze Zeit über andauern. Im allgemeinen verläuft das Drüsenfieber harmlos, und Komplikationen sind nicht zu erwarten.

Mumps

• Ursache: Außer einer Angina gibt es noch einige andere Viruserkrankungen, bei denen Schwellungen im Halsbereich des Kindes auftreten. Der Mumps oder Ziegenpeter ist eine ansteckende Viruserkrankung, die sich hauptsächlich in der Ohrspeicheldrüse abspielt. Die Ansteckung erfolgt meistens in der kalten Jahreszeit als Schmierinfektion. Schulkinder sind häufiger als Säuglinge oder Kleinkinder befallen. Mit der einmaligen Erkrankung erwirbt das Kind lebenslange Immunität.

• Symptome: Die Kinder fühlen sich abgeschlagen, haben kaum Appetit und spielen nicht so lebhaft wie sonst. Auf Mumps zurückzuführen sind diese uncharakteristischen Anzeichen aber erst dann, wenn die entzündete Ohrspeicheldrüse anschwillt. Zuerst ist die eine Seite schmerzhaft geschwollen, und das Fieber steigt auf etwa 40 Grad an, nach ein bis drei Tagen folgt auch eine Schwellung auf der anderen Seite.

• Behandlung: Ihr Kind muß das Bett hüten. Mit warmen Umschlägen (über Kinn und Scheitel: „Osterhase") können Sie ihm die Schmerzen lindern.
Ein Arzt ist auf jeden Fall zu Rate zu ziehen, damit weitere Komplikationen möglichst ausgeschlossen bleiben.

• Verlauf und Komplikationen: Im allgemeinen verläuft der Mumps harmlos. Die Hirnhäute können aber mit erkranken. Dann erbricht das Kind und klagt über starke Kopfschmerzen und Nackensteifigkeit. Auch die Bauchspeicheldrüse kann durch das Mumpsvirus in Mitleidenschaft gezogen werden. Die Kinder erbrechen dann häufig und haben starke Bauchschmerzen.

Hautausschläge (Exantheme)

• Ursache: Hautausschläge treten bei Kindern jeden Alters als Symptom auf. Dabei werden drei Hauptgruppen zugrundeliegender Krankheiten unterschieden:

- Durch eine Virusinfektion entstehen Masern, Windpocken, Drei-Tage-Fieber und Röteln. Bei allen Viruserkrankungen sind Hautausschläge von kurzer Dauer möglich, gehören aber nicht unbedingt zum Krankheitsbild.

- Durch Bakterieninfektion entsteht der Scharlach.
- Allergische Reaktionen der Haut können durch den Genuß bestimmter Speisen bedingt sein. So ist zum Beispiel bei vielen Menschen ein Hautausschlag die Reaktion auf den Genuß von Erdbeeren. Manchmal wird die Reaktion aber auch durch Chemikalien, Pollen, Gräser, Tierhaare oder Medikamente ausgelöst.

Neben der Beschreibung von Masern, Scharlach, Röteln, Drei-Tage-Fieber, Windpocken, Allergie sind in einer Übersicht alle wichtigen Symptome der Exantheme dargestellt (→ S. 137).

Masern

• Ursache: In zivilisierten Ländern wird fast jeder Mensch von Masern befallen. Die Übertragung erfolgt durch „fliegende“ Infektion beim Husten, Sprechen und Niesen. Vom sechsten Monat an sind Kinder dafür empfänglich (nur in Ausnahmefällen früher). Die Erreger (Viren) halten sich von Beginn bis zum Ende der Ansteckungsfähigkeit im Sekret der Schleimhäute des Nasen-Rachen-Raums auf. Außerhalb des menschlichen Körpers sind sie wenig lebensfähig.

• Symptome und Verlauf: Am zehnten bis elften Tag nach der Ansteckung beginnt ein Stadium mit Nasen- und Rachenentzündung. Einige Stunden später setzen Augenbindehautentzündung und Bronchialkatarrh ein. Das Fieber steigt auf 39 Grad und hält zwei Tage an. Nun besteht Ansteckungsgefahr bis etwa zum dritten Tag des Ausschlags einschließlich. Das Gesicht ist gedunsen, das Kind scheut Licht, hustet und hat Schnupfen. Am ersten und zweiten Tag dieses Stadiums können Sie feine weiße Flecke auf der Wangenschleimhaut Ihres Kindes entdekken (sie sind typisch für Masern), noch bevor der Ausschlag besteht. Am dritten und vierten Tag ist das Kind dann fieberfrei, vom fünften Tag an steigt das Fieber auf über 39 Grad, verbunden mit Husten, Schnupfen, Verschwollenheit und Bindehautentzündung. Gleichzeitig erscheint der Ausschlag zunächst hinter den Ohren, dann am Hals und im Gesicht und geht dann auf Rumpf und Gliedmaßen über. Anfangs erscheinen etwas erhabene rötliche Flecken, die zackig begrenzt sind oder zusammenfließen können. Am zweiten und dritten Tag ist der Ausschlag am stärksten; er hält meist nicht länger als vier bis fünf Tage an, während das Fieber sinkt. Ist die Krankheit einmal überstanden, tritt sie nicht wieder auf.

• Behandlung: Rufen Sie in jedem Fall einen Arzt, damit eine eindeutige Diagnose gestellt wird (Sie wissen dann, ob Ihr Kind lebenslänglich gegen Masern immun ist). Masernschutzimpfung schützt vor Ansteckung. Nicht geimpfte Kinder können noch bis zum vierten Tag nach der Ansteckung mit Gamma-Globulin gegen die Erkrankung weitgehend geschützt werden. Der Verlauf ist in der Regel komplikationslos. Der Raum kann abgedunkelt werden. Legen Sie das Kind jedenfalls so, daß es nicht ins grelle Licht blicken muß.

• Komplikationen: Durch Masern wird die Abwehrkraft des Körpers herabgesetzt, und deshalb können gleichzeitig ablaufende Infektionskrankheiten, wie z. B. Keuchhusten oder Scharlach, schwerer verlaufen. Am meisten gefürchtet, wenn auch selten, ist die primäre Lungenentzündung und eine Gehirnentzündung (Enzephalitis).

Scharlach

• Ursache: Scharlach tritt bei Kindern jeglichen Alters auf. Die Erreger sind Bakterien (Streptokokken), die Übertragung

erfolgt durch Schmierinfektion; eine Schutzimpfung gibt es nicht. Wundscharlach entsteht bei Eindringen der Erreger durch die Wunden.
Während des ganzen Verlaufs der Krankheit ist das Kind ansteckungsfähig. Eine Scharlacherkrankung macht nicht immun, eine Neuansteckung ist also jederzeit möglich.

- Symptome und Verlauf: Vom zweiten Inkubationstag an – die Inkubationszeit beträgt drei bis vier Tage – erkrankt das Kind plötzlich mit hohem Fieber, Halsschmerzen, Erbrechen und Anschwellen der Lymphknoten. Der Rachen ist hellrot, die Zunge anfänglich stark belegt, das Kind hat eine eitrige Angina. Ein bis drei Tage später zeigt sich zunächst in den Leistenbeugen, der Achselhöhle und dem Gesicht, mit Aussparung des Mund-Dreiecks, der Scharlachausschlag. Es sind hochrote, bis stecknadelkopfgroße, dicht stehende Flecken, die leicht erhaben sind und einen samtartigen Eindruck machen. Bei diesem Symptom spricht man vom Milchbart. Die Zunge reinigt sich allmählich und ist dann ebenfalls stark gerötet. Die Zungenpapillen schwellen an und treten warzenähnlich hervor, wie bei der Oberfläche einer Himbeere („Himbeerzunge"). Der Hautausschlag breitet sich allmählich auf den ganzen Körper aus. Nach seinem Verschwinden kommt es zu einer Schuppung des ganzen Körpers, besonders der Fußsohlen und Hände.
- Behandlung: Die scharlachkranken Kinder sollten sofort isoliert und durch Penicillingaben von den Erregern befreit werden. Bisher gesunde Geschwister scharlachkranker Kinder dürfen die Schule oder den Kindergarten nicht besuchen, bis der Arzt die Erlaubnis gegeben hat.

Nach Abklingen des Ausschlags fühlt das Kind sich meist völlig wohl und will das Bett verlassen; nach sechstägiger Penicillinbehandlung sollen die Schuppen abgebadet werden; die Isolierung wird aufgehoben.

- Komplikationen: Zwei Wochen nach dem Abklingen des Scharlachs kann sich eine Nierenentzündung entwickeln (Blut im Urin, geschwollene Augenlieder).

Gelegentlich findet sich „das zweite Kranksein": Das Kind fiebert in der dritten bis fünften Woche wieder, es bestehen Halslymphknotenschwellung und Nasennebenhöhlenentzündung.

Röteln

- Ursache: Die Empfänglichkeit ist nicht so groß wie bei Masern. Die Übertragung geschieht von Mensch zu Mensch durch Tröpfcheninfektion (Inkubationszeit 12 bis 21 Tage). Der Erreger ist ein Virus. Die Ansteckungsfähigkeit beginnt zwei Tage vor dem Ausschlag und endet nach dessen Verschwinden. Klein- und Schulkinder erkranken relativ häufiger als Säuglinge oder Erwachsene. Nach der Krankheit besteht lebenslange Immunität.
- Symptome und Verlauf: Als Krankheitszeichen zeigt sich ein Nasen-Rachen-Katarrh mit leichtem Fieber. Die Lymphknoten in der vorderen und hinteren Halsgegend, speziell im Nacken, sind meist schon stark geschwollen, noch bevor der Ausschlag sichtbar wird. Dieser beginnt im Gesicht, geht innerhalb eines Tages auf den ganzen Körper über und blaßt im Lauf von ein bis zwei Tagen ab. Die Flekken bei Röteln sind kleiner, blasser und nicht so dicht wie die bei Masern. Sie können auch an der Mundschleimhaut als kleine rote Flecken auftreten. Mit Beginn des Ausschlags kann das Kind leicht fiebern, hat aber meist kein Krankheitsgefühl. Die Röteln sind im Verlauf harmlos, und es sind keine Komplikationen zu erwarten.

Für schwangere Frauen sind Röteln gefährlich, da in den ersten drei Monaten

Tabelle:
Symptome bei ausgewählten Infektionskrankheiten und Allergie (nach Mertin)

	Masern	Scharlach	Röteln	Drei-Tage-Fieber	Windpocken	Allergie
Fieber	++[1])	++	+	++	+	(+)
Husten	+	(+)				
Schnupfen	+[2])					
entzündete Augenbindehaut	++					(+)
aufgelockerte Mundschleimhaut	++[3])				(+)	
belegte Zunge	++	++	+	+	+[4])	
Himbeerzunge		++				
geröteter Rachen, geschwollene Mandeln	+	++	+	+	+	
eitrige Angina		++				
geschwollene Lymphknoten im Kieferwinkel	++	++	+	+	+	
geschwollene Lymphknoten im Nacken			++			
Erbrechen	+	+		+	(+)	
Durchfall	(+)	+				
Bauchschmerzen		+				
Nackensteifigkeit	(+)	(+)		++		
Ohrenbeteiligung	+	+				
Exanthem (Ausschlag) hinter den Ohren beginnend	++					
Exanthem in den großen Beugefalten beginnend (Achsel, Leistenbeuge)		++				
Exanthem am behaarten Kopf					++	
Exanthem ohne spezielle Lokalisation am ganzen Körper			+	+		+[5])
Exanthem in verschiedenen Stadien gleichzeitig					++	+
Exanthem stark juckend					++	++
Exanthem stark schuppend nach Abklingen des akuten Stadiums		++				
„Milchbart“ (ausgespartes Mund-Dreieck)		++				

[1]) zweigipflig (zwei Höhepunkte); [2]) wäßrig; [3]) Kopliksche Flecken: punktförmiger, weißlicher, erhabener Belag in der Wangenschleimhaut; [4]) nur bei Befall der Schleimhäute; [5]) alle Formen imitierend (nachahmend), zum Teil erhaben, Quaddeln stark wechselnd.
++ als Symptom immer vorhanden; + als Symptom meistens vorhanden;
(+) als Symptom gelegentlich vorhanden.

der Embryo durch Röteln außerordentlich gefährdet ist (Tod oder Mißbildungen).

- Behandlung: Das kranke Kind braucht keine spezielle Behandlung. Der Arzt sollte jedoch zur Diagnose des Hautausschlags zugezogen werden.

Drei-Tage-Fieber

- Ursache: Die Erkrankung befällt vorwiegend Säuglinge und Kleinkinder. Der Erreger ist wahrscheinlich ein Virus, der Nachweis ist bis jetzt aber noch nicht gelungen. Die Ansteckungsweise ist nicht bekannt.
- Symptome und Verlauf: Die Erkrankung beginnt plötzlich mit hohem Fieber, manchmal von Schnupfen und Husten begleitet. In schweren Fällen leiden die Kinder unter einem steifen Nacken und Berührungsempfindlichkeit und sind deshalb recht mitgenommen. Bei Säuglingen ist oft die große Fontanelle vorgewölbt.
Nach dem dritten oder vierten Tag entwikkelt sich bei Drei-Tage-Fieber ein Hautausschlag (Exanthem), gleichzeitig verschwindet das Fieber, und das Kind fühlt sich wieder gesund und munter.
- Behandlung: Gezielte Maßnahmen sind nicht bekannt. Erst wenn das Exanthem aufgetreten ist, kann der Arzt die Diagnose stellen. Bis dahin werden die Symptome einzeln behandelt.

Windpocken

- Ursache und Verlauf: Der Erreger der Windpocken wird durch fliegende Infektion übertragen. Die Ansteckungsgefahr ist groß, kurzes Zusammensein mit einem kranken Kind genügt zur Infektion.
Schon Säuglinge in den ersten Lebensmonaten können daran erkranken. Der Schutz nach Überstehen der Krankheit ist vollständig (lebenslange Immunität).
- Symptome und Verlauf: Nach der Ansteckung erscheint das Kind für zwei bis drei Wochen völlig gesund. Dann entstehen zunächst auf den Schleimhäuten der Mundhöhle kleine Bläschen. Danach erfolgt ein Hautausschlag mit kleinen rosa bis roten Flecken, die sich über Knötchen zu Bläschen mit zentraler Eindellung umwandeln.
Der anfangs klare Inhalt der Bläschen wird nach einem Tag trüb, es bildet sich ein roter Hof, und die Bläschen trocknen ein. Daraufhin entsteht ein Schorf, der nach ein bis drei Wochen abfällt. Es besteht Ansteckungsgefahr, bis die letzte Kruste abgefallen ist. Der Ausschlag verläuft in Schüben und juckt oft stark.
Meist tritt zu Beginn hohes Fieber auf, es kann aber auch fehlen. Die verschiedenen Entwicklungsstadien sind gleichzeitig auf der Haut und unter dem Kopfhaar sichtbar.
Narben bleiben nur dann zurück, wenn das Kind kratzt und dabei die Wunden mit Eitererregern verschmutzt.
Geschwister von Windpockenkranken sollte man täglich genau untersuchen. Sie von vornherein von der Schule fernzuhalten ist wegen der langen Inkubations- und Ansteckungsphase jedoch wenig sinnvoll.
- Behandlung durch den Arzt: Er wird sich meist auf Verordnung von Puder beschränken, um den Juckreiz zu beheben und das Kratzen zu verhindern.
- Komplikation: Eine Gehirnentzündung (Enzephalitis) als Folgeerscheinung von Windpocken ist selten.

Hautausschläge durch Allergien

Hautausschläge, die durch Unverträglichkeit von Nahrung, Gräsern, Zitrusfrüchten usw. hervorgerufen werden, sind meist stark juckend und quaddelförmig über den ganzen Körper verteilt. Um die Ursache und angemessene Therapie herauszufinden, müssen die Eltern das Kind einem Arzt vorstellen.

Keuchhusten

• Ursache: Keuchhusten wird durch eine Infektion mit Bazillen hervorgerufen. Die Übertragung erfolgt immer durch Tröpfchen, nicht selten über mehrere Meter hinweg. Dabei ist Keuchhusten, vor allem für Säuglinge, eine schwere, manchmal lebensbedrohende Krankheit. Säuglinge müssen daher sorgfältig vor dem Kontakt mit erkrankten Kindern geschützt werden. Für die Ansteckung genügt meist schon ein kurzer, gemeinsamer Aufenthalt im gleichen Raum. Wer einen Keuchhusten durchgemacht hat, ist immun.

• Symptome: Etwa ein bis zwei Wochen nach der Ansteckung beginnt der Keuchhusten mit einem ganz normalen Husten, der allerdings nachts bald stärker wird. Weitere ein bis zwei Wochen später werden die Hustenattacken immer schwerer und häufiger und entwickeln sich zu den typischen Keuchhustenanfällen: Ein kitzelnder, brennender Reiz im Kehlkopf macht das Kind unruhig und zwingt es zum Husten mit vorgestreckter Zunge. Es kommt zu einem Kehldeckelkrampf, und das Kind ringt nach Atem, bis der Krampf sich löst. Weil die Luft dabei so heftig und geräuschvoll eingezogen wird, spricht man von „Keuchhusten-Ziehen". Solche Anfälle können sich ein paarmal hintereinander wiederholen, 10- bis 20mal am Tage. Das Kind läuft dann im Gesicht blaurot an, schwitzt stark, seine Augen tränen und quellen hervor, bis (oft unter Erbrechen) ein zäher Schleim hervorgewürgt wird.

• Behandlung: Zur Vorbeugung kann man gesunde Kinder dreimal nacheinander im Abstand von mehreren Wochen aktiv gegen Keuchhusten impfen lassen (nicht bei einem „Risikokind"). Damit vermeiden Sie eine bedrohliche Krankheit. Durch eine passive Impfung lassen sich Ausbruch und Verlauf verhindern bzw. mildern.

Der Arzt gibt im Falle der Erkrankung Hustensaft und gegebenenfalls Beruhigungs- und Fieberzäpfchen.

Ist sonst keine andere Krankheit im Spiel und ist Ihr Kind fieberfrei, sollten Sie mit ihm so oft wie möglich an die frische Luft gehen (nicht auf öffentliche Spielplätze). Das kranke Kind wird wenig Nahrung aufnehmen bzw. die Nahrung häufig wieder erbrechen. Geben Sie also leicht verdauliche und kalorienreiche Kost in vielen kleinen Portionen.

• Verlauf und Komplikationen: Während der Zeit der Erkrankung sind die Kinder „mitgenommen", blaß und magern durch das häufige Erbrechen ab. Die Körpertemperatur bleibt normal. Nach drei bis vier Wochen klingen die Hustenanfälle ab, und es kommt auch nicht mehr so häufig zum Erbrechen, der Schleim läßt sich wieder besser aushusten. Die Kinder schlafen ruhiger, nehmen zu und erholen sich in der Regel nach weiteren drei Wochen. Komplikationsmöglichkeiten sind durch die anfänglichen Hustenanfälle gegeben, die sich bei Säuglingen bis zu Erstickungsanfällen steigern können. Außerdem besteht die Gefahr einer Keuchhusten-Lungenentzündung.

Asthma

• Ursache: Unter Asthma (Asthma bronchiale) versteht man durch Verengung der Bronchien bedingte Atemnot. Schon Säuglinge können daran erkranken, dann spricht man von spastischer Bronchitis. Häufiger tritt es aber als Bronchialasthma im Kleinkind- und Schulalter auf. Während der Pubertät ist dann meistens eine Besserung festzustellen. Etwa 30 Prozent aller asthmakranken Kinder werden in der Pubertät sogar symptomfrei.

Als Ursache kommen allergische und psychische Reaktionsweisen in Frage. Allergische Reaktionen beruhen darauf, daß sogenannte Antigene in den Körper eindringen und dort die Bildung von Abwehrstoffen, sogenannten Antikörpern, verursachen. Durch eine Reaktion zwischen Antigen und Antikörper kommt es dann zu den allergischen Krankheitserscheinungen (Antigen-Antikörper-Reaktion). Antigene können z. B. Staub, Tierhaare, Gräserpollen, Chemikalien, Wolle, Kunstfasern, Appreturen usw. sein. Innerhalb einer Familie kann man oft eine Häufung der allergischen Anlage beobachten. Psychische Reaktionsweisen als Ursache findet man vor allem bei sensiblen, empfindsamen und ängstlichen Kindern: Seelische Belastungen, Streit, Angst oder auch die Erwartung wichtiger Ereignisse können den Anfall hervorrufen.

• Symptome: Typisches Zeichen für einen Asthmaanfall ist die Atemnot durch die Verkrampfung der Bronchialmuskulatur. Dabei schwillt die Bronchialschleimhaut an und sondert vermehrt Schleim ab. Sie können dann beim Kind verlängertes Ausatmen feststellen, die Atmung wird mühsam, keuchend, manchmal auch rasselnd. Das Kind ist ängstlich und unruhig und versucht aufzustehen, weil die Atmung im Liegen noch schwerer ist.

• Behandlung: Im Anfall ist Ruhe und Entspannung wichtig, da sonst der Sauerstoffverbrauch nur noch gesteigert wird. Möglichst viel frische Luft ist unbedingt notwendig. Auf jeden Fall sollte man den Arzt verständigen!

Der Arzt wird versuchen, durch Verabreichung von Beruhigungsmitteln die krampfenden Bronchien zu entspannen. Dieses kann durch Spritzen oder Tabletten geschehen. Während eines schweren Anfalls kann Sauerstoffgabe manchmal lebensrettend wirken. Sie sollten in jedem Fall selbst mit Ihrem Kind Atemgymnastik machen (Schultern lockern und zur Bauchatmung anleiten). Der Arzt wird überdies versuchen, die Stoffe, auf die das Kind allergisch reagiert, durch spezifische Hauttests herauszufinden. Diese Anfallsverursacher sind dann natürlich aus der Umgebung des Patienten zu entfernen. Sind die Asthmaanfälle aber psychisch verursacht, versagen solche Maßnahmen. In diesem Fall wird Ihr Arzt einen Kinderpsychotherapeuten vorschlagen, der eine Mutter-Kind-Therapie oder eine Spieltherapie mit dem Kind durchführen wird. Oft bringt auch ein Milieuwechsel und die Umstellung der Lebensumstände über längere Zeit für das Kind die entscheidende Wende im Verlauf der Erkrankung und der Anfallshäufigkeit.

• Komplikationen: Im akuten Asthmaanfall besteht Erstickungsgefahr. Deswegen sollten Sie sich schon bei Asthmaverdacht erkundigen, welche Klinik oder welcher Arzt im Notfall behandlungsbereit ist.

Fettsucht

• Ursache: Unter Fettsucht versteht man übermäßiges Körpergewicht durch Fettansatz. Fettsucht entsteht fast immer durch übertriebene Nahrungszufuhr oder allzu geringen Energieverbrauch bei sonst normaler Ernährung. Im Verhältnis zu ihrer körperlichen Tätigkeit essen Fettsüchtige immer zuviel. Sie sind sicher keine besseren „Futterverwerter", denn ihre Ausscheidungen enthalten nicht weniger unaufgeschlossene Nahrungsmittel als die Ausscheidungen Normalgewichtiger. Der Organismus braucht nur einen Teil der überreichlichen Nahrung, und das überschüssige Kalorienangebot wird als Fettpolster im Unterhautgewebe gespeichert. Später setzt sich das Fett auch in den Gefäßsystemen von Herz und Leber an. Diese nahrungsabhängige Form der Fettsucht ist bei weitem die häufigste. Nur bei etwa 10 Prozent der Fettsuchtfälle sind hormonelle Störungen der Hypophyse (Hirnanhangsdrüse), der Nebennieren, der Schilddrüse oder der Gonaden (Geschlechtsdrüsen) die Ursache. Bei fettsüchtigen Kindern kann aber auch eine psychische Störung vorliegen: Sie essen besonders viel, um mangelnde Liebe und Zuwendung der Erwachsenen durch Selbstzuwendung auszugleichen, oder Erwachsene drängen ihnen aus unbewußten Schuldgefühlen (z. B. aus unbewußter Ablehnung des Kindes) zuviel Nahrung auf. Fettsucht macht Kinder unbeweglich, weil sie einen großen Ballast mit sich herumtragen müssen. Außerdem werden die Kinder resistenzlos und haben bei akuten Belastungen (z. B. fieberhaften Erkrankungen) wegen Überbeanspruchung des Kreislaufs mehr zu leiden als normalgewichtige Kinder.

● Symptome: Kinder haben im Verhältnis zu ihrer Körpergröße mehr als ein Fünftel Übergewicht.

● Behandlung: Der Arzt wird zuerst nach der Ursache der Fettsucht forschen. Ist eine innersekretorische Störung (Hormone, Stoffwechsel) ausgeschlossen, werden Arzt und Kinderpsychotherapeut für das Kind spezielle Diätpläne, Spiel- und Verhaltenstherapien entwickeln. Die Diät besteht entweder aus Reduktionskost mit festgesetzter Kalorienzahl oder aus eiweißreicher, aber auch schlackenreicher Nahrung ohne Mengenbeschränkung. Der Arzt wird dann die Therapie überwachen und die Eltern ständig beraten. Bei extremer Fettsucht ist eine derartige Behandlung zum Teil nur in Kliniken oder in dafür bestimmten Kurheimen möglich. Mit dem folgenden Sieben-Punkte-Programm wollen wir Ihnen eine Orientierungshilfe für die weitere Behandlung geben:

- Die Eltern müssen sich selbst beobachten und die eigenen Koch- und Eßgewohnheiten registrieren.
- Bevor die Kur beginnt, sollten Sie festgestellt haben, was und wieviel das Kind täglich zu sich nimmt, ob es sich bei Sport und Spiel viel bewegt oder eher träge ist und wie fit es bei geistigen Aktivitäten ist.
- Schaffen Sie eine Personenwaage zur Gewichtskontrolle an.
- Die Nahrungsmenge sollte schrittweise, aber konsequent verringert werden.
- Beachten Sie ganz besonders die Nahrungsqualität: Kinder müssen viel frisches Obst bekommen (außer Bananen), eiweißhaltige Kost, frisches Gemüse und mindestens einmal täglich grünen Salat; einzuschränken ist die Zufuhr von Kohlehydraten, die vor allem in Zucker, Süßigkeiten, Mehl und Teigwaren enthalten sind.
- Sorgen Sie dafür, daß Ihr Kind viel körperliche Bewegung bekommt (Gymnastik, Baden, Wandern, Turnen).
- Der Erfolg der Kur ist schon halb gesichert, wenn Sie es verstehen, Ihr Kind zur Mitarbeit anzuregen.
  Interesse an der Behandlung und Verständnis für die Maßnahmen erreichen Sie am besten, wenn Sie den Vorgang, z. B. durch eine Gewichtskurve, sichtbar machen.

● Verlauf und Komplikation: Wird der Diätplan nicht eingehalten oder erst gar keine Behandlung eingeleitet, muß man bei fettsüchtigen Kindern mit sehr unangenehmen Folgen im späteren Alter rechnen (verkürzte Lebenserwartung). Fettansatz erhöht ferner den Insulinverbrauch und führt durch Erschöpfung der Bauchspeicheldrüse häufig zu Zuckerkrankheit. Schließlich kommt es durch die Überbelastung der Wirbelsäule, der Hüften und der Füße zu Haltungsschäden, Senk- und Spreizfüßen und zu Abnutzungserscheinungen an den Knie- und Hüftgelenken und an der Wirbelsäule.

Magersucht

• Ursache: Hat der Arzt eine organische Krankheit mit Sicherheit ausgeschlossen, dann ist das Zuwenig-Essen auf eine psychisch bedingte Verhaltensstörung zurückzuführen. Dafür kommen besonders Spannungen im Eltern-Kind-Verhältnis, restriktives Verhalten von Erwachsenen, starke Geschwisterrivalitäten, unruhiges und kinderfeindliches häusliches Milieu und unzureichende Spielmöglichkeiten in Frage.

• Symptome: Das Kind verweigert eine regelmäßige Nahrungsaufnahme, ißt den Teller selten leer, erbricht nach Nahrungsaufnahme (zum Teil bewußt herbeigeführt) und magert so stark ab, daß die Knochen hervortreten.

• Behandlung: Arzt und Kinderpsychotherapeut müssen zusammen eine Therapie entwickeln, die in einer Kinderklinik durchgeführt wird. Dazu gehören Ruhe, häufige (halbstündliche bis stündliche) Angebote von kleinsten Nahrungsmengen und eine Spiel- und Verhaltenstherapie.

Blinddarmentzündung (Appendizitis)

• Ursache: Bei der sogenannten Blinddarmentzündung ist der Wurmfortsatz entzündet. Er ist ein etwa bleistiftdickes, 8 bis 10 cm langes Anhängsel des Blinddarms rechts unten im Bauchraum und erfüllt keine unersetzliche Funktion. Appendizitis tritt vor allem zwischen dem 5. und dem 20. Lebensjahr auf, aber auch Säuglinge können daran erkranken. Mehrere Ursachen kommen für eine Wurmfortsatzentzündung in Betracht.

• Symptome: Die ersten Anzeichen der Entzündung sind Fieber (deutlich unterschiedliche Werte bei axialer und rektaler Messung: ca. 37,5 bzw. 38,3 Grad), Appetitlosigkeit, Übelkeit, Erbrechen und ein punktförmiger Schmerz im rechten Unterbauch. Wenn Sie bei Ihrem Kind an dieser Stelle die Bauchdecke leicht eindrücken – die Muskulatur ist hier gespannt –, verstärkt sich der Schmerz. Die Zunge ist dick belegt (Mundgeruch).

• Behandlung: Wenn der Schmerz punktförmig und heftig ist und das Kind erbricht, sollten Sie rasch den Arzt aufsuchen. Bei geringen Schmerzen soll das Kind bis zum Eintreffen des Arztes Bettruhe halten und nichts essen oder trinken.
Um die Schmerzen zu lindern, können Sie eine Wärmflasche mit Eis füllen und sie dem Patienten auf den rechten Unterbauch legen. Bereiten Sie schon alles für den Transport ins Krankenhaus vor; geben Sie aber keine schmerzstillenden Medikamente, weil Sie dadurch das Krankheitsbild verschleiern.
Die Behandlung besteht in der operativen Entfernung des Wurmfortsatzes, der meist unkomplizierten Blinddarmoperation.

• Verlauf und Komplikationen: Da die Stadien der Entzündung innerhalb von Stunden durchlaufen werden können, sollten Sie beim ersten Anzeichen einen Arzt verständigen. Die rechtzeitige Operation verläuft in der Regel ohne Komplikationen. Manchmal sind die Anfangserscheinungen aber geringfügig, und Ihr Kind hat vielleicht dem leichten Schmerz noch keine Bedeutung geschenkt. Dann kann der Wurmfortsatz durchbrechen und äußerst rasch eine sehr gefährliche Bauchfellentzündung verursachen. Der Patient fühlt sich nach dem lebensgefährlichen Durchbruch für eine Stunde schmerzfrei! Achtung! Versuchen Sie dann sofort einen Rettungswagen zu bekommen, der Ihr Kind sicher und schnell in die Klinik bringt.

Harnwegsinfektionen

• Ursache und Vorkommen: Entzündungen der Harnwege können bei Kindern in jedem Alter auftreten. In den ersten drei Lebensmonaten sind sie bei männlichen Kindern häufiger, später haben eher Mädchen darunter zu leiden. Man unterscheidet zwischen einer aufsteigenden und einer hämatogenen Infektion. Die aufsteigende Infektion beginnt in der Harnröhre, wandert von dort über die Blase, den Harnleiter in das Nierenbecken und von da an weiter in das Nierengewebe. Bei der hämatogenen Infektion werden Bakterien einer allgemeinen Erkrankung des Organismus, beispielsweise der Angina oder des Scharlach, über die Blutbahn auf die Nieren übertragen und steigen von da ab über die Harnröhre zur Blase.

Unterkühlung im Harnwegsbereich spielt bei beiden Arten der Infektion immer nur eine auslösende Rolle, weil dadurch die Gewebe weniger widerstandsfähig gegen Bakterienbefall werden. Manchmal sind aber auch organische Fehlbildungen im Urogenitaltrakt der Grund für erhöhte Infektionsbereitschaft. Oft kommt es durch die Fehlbildung zu einer Abflußbehinderung des Urins. Die schwerwiegenden Folgen sind dann der Reihe nach: Urinrückstau im Nierenbecken, Verplumpung des Nierenbecken-Kelchsystems, Druck auf das Nierengewebe, Schwund des funktionstüchtigen Gewebes, Harnvergiftung durch Zerstörung des Nierengewebes. Ist die Vergiftung bis dahin fortgeschritten, läßt sich das Leben nur durch Anschluß an eine künstliche Niere oder durch Nierenverpflanzung erhalten. Abflußbehinderungen im harnableitenden System können aber auch durch Nierensteine entstehen.

Durch häufige und immer wiederkehrende Harnwegsinfektionen kann das Nierengewebe funktionsuntüchtig werden und damit zur Harnvergiftung führen. Nur zu leicht werden die ersten akuten Harnwegsinfektionen wegen ihrer wenig spezifischen Symptome übersehen, sie heilen nicht aus und entwickeln sich zu einer chronischen Erkrankung. Im folgenden wollen wir eine Übersicht über alle Symptome geben, die auf eine Infektion im harnableitenden System hinweisen. Stellen Sie eines oder mehrere dieser Symptome bei Ihrem Kind fest, sollten Sie das Kind sofort einem Arzt vorstellen.

- Symptome beim Säugling: Gewichtsstillstand oder Gewichtsabnahme ohne ersichtlichen Grund, anhaltende Appetitlosigkeit; Fieber ohne andere Krankheitszeichen; Durchfall, der trotz der üblichen Behandlung andauert; fahle Blässe; verlängerte Gelbsucht beim Neugeborenen und in den ersten drei Lebensmonaten; geblähter, praller Bauch in Verbindung mit Druckschmerzen und Erbrechen; Harnverhaltung; Krämpfe. Angeborene Fehlbildungen jeder Art an irgendeiner Stelle des Körpers deuten auf mögliche Fehlbildungen im Urogenitalbereich hin.
- Symptome beim älteren Kind: Schmerzen beim Wasserlassen; ungewöhnlich häufiger Harndrang; anhaltende Abgeschlagenheit und Mattigkeit ohne ersichtlichen Grund; häufiges Erbrechen und schlechtes Gedeihen, gefolgt von Untergewicht; auffallend übelriechender Urin; Blut im Urin; Leib- und Lendenschmerzen; Einnässen bei Kindern, die ihre Harnblase bereits unter Kontrolle hatten; Entzündung und Rötung der Vulva (äußere weibliche Geschlechtsteile) oder der Harnröhre im Penis.
- Behandlung durch die Eltern: Die ärztliche Behandlung bedarf unbedingt Ihrer Unterstützung. Die besten Arzneien helfen hier wenig, wenn gewisse Verhaltensmaßregeln nicht beachtet werden. Bei akuter Infektion ist Bettruhe selbstverständlich. Wärme ist eine notwendige Genesungshilfe. Ihr Kind darf also keinen Zug bekommen, und nasse Windeln, Schlafkleidung, Bettwäsche usw. müssen immer gleich gewechselt werden. Geben Sie dem Kind soviel zu trinken, wie es will. Große Flüssigkeitsmengen spülen die

Erreger der Entzündung aus dem erkrankten Bereich. Außerdem ist es Ihre Aufgabe, konsequent über die ärztliche Therapie, die Einhaltung einer eventuellen Diät und die Einnahme der Medikamente zu achten.

- Behandlung durch den Arzt: Um der Grundkrankheit auf die Spur zu kommen, haben Ärzte heute vielerlei Untersuchungsmöglichkeiten. Am Anfang steht die Untersuchung des Urins. Dabei werden der pH-Wert, Eiweiß- und Zuckergehalt, Gallenfarbstoff, Anzahl der Leukozyten (weiße Blutkörperchen) und die Menge der ausgeschiedenen Mineralien im Urin festgestellt. Wurden Bakterien gefunden, müssen sie auf ihre Antibiotikaempfindlichkeit geprüft werden. Auf Grund der gefundenen Ergebnisse läßt sich nun eine Therapie einleiten, die unter strenger ärztlicher Kontrolle durchzuführen ist. Bei wiederholten Infektionen der Harnwege oder bei einem Verdacht auf Fehlbildung im Harnwegssystem sollten die Nieren und die Blase auch röntgenologisch untersucht werden.
- Komplikationen und Prognose: Wird nicht bald eine Behandlung eingeleitet, kommt es zu einer chronischen Erkrankung. Nierengewebe stirbt fortwährend ab und es kann schon bei Säuglingen zu schwerwiegenden Harnvergiftungen und verkürzter Lebenserwartung kommen.

Erkrankungen der Vorhaut

- Ursache, Symptome und Behandlung: Eine Vorhautverengung ist bei kleinen Jungen in jedem Alter möglich. Meistens ist die Verengung angeboren. Sehr oft lassen es Eltern aber auch an sachgemäßer Pflege und Hygiene fehlen. Dabei können dann leicht Entzündungen entstehen, die besonders beim Wasserlassen sehr schmerzhaft sind. Die Vorhaut kann aber auch mit der Eichel verklebt sein, so daß sie sich nicht mehr nach hinten zurückschieben läßt und den Harnaustritt beeinträchtigt. Beim Wasserlassen fließt der Harn dann nicht ungehindert ab (Harntröpfeln). Eine entsprechende Behandlung sollte durch einen Arzt durchgeführt werden (Beseitigung der Verengung). Unter Umständen ist eine Operation notwendig. Bei rechtzeitiger Behandlung sind keine Komplikationen zu erwarten.

Erkrankungen der Hoden

- Ursache: Normalerweise befinden sich die Hoden bei neugeborenen Knaben im Hodensack und sind deutlich sichtbar und tastbar. Bei manchen Knaben sind die Bruchpforten aber noch offen, und die Hoden sind noch nicht voll herabgestiegen oder wandern vom Hodensack in die Bauchhöhle und zurück.
- Behandlung: Sie brauchen sich nicht zu sorgen und können zunächst abwarten. Bis zum frühen Schulalter sollten die Hoden aber von der Bauchhöhle in den Hodensack abgestiegen sein. Ist das nicht der Fall, muß das Kind einem Arzt vorgestellt werden, der den Hodenhochstand eventuell medikamentös beseitigt.
- Verlauf und Komplikationen: Meist wandern die Hoden bis zum Knabenalter von selbst in den Hodensack. Geschieht das nicht und wird dem Kind auch keine ärztliche Behandlung zuteil, kann Zeugungsunfähigkeit die Folge sein. Achtung: Gefährlich ist die Hodendistorsion, die Drehung des Hodens. Akutes Krankheitsbild sind starke Schmerzen im Hoden, die bis zum Unterleib ausstrahlen, zum Teil mit Erbrechen verbunden. In diesem Fall ist das Kind sofort in eine Klinik zu bringen, wo der Arzt innerhalb von zwei Stunden eine Operation einleiten muß.

Hernien (Brüche)

- Ursache: Im Bereich der Bauchwand liegen die natürlichen Bruchpforten. Schließen sich diese zu spät oder unvollständig, können Bauchorgane mit einem Bruchsack austreten. Diese Erscheinung gibt es in jedem Alter. Die meisten Brüche sind Leistenbrüche, die am häufigsten bei Jungen im ersten Lebensjahr auftreten. Manchmal kommt es auch zum Wasserbruch. Es handelt sich dabei um eine Ansammlung von Flüssigkeit im Bereich des Hodens. Nabelbrüche entstehen im Bereich des Nabelrings, der sich nach der Geburt erst allmählich schließt.
- Symptome: Einen Bruch kann man von außen an der Schwellung erkennen, die durch die austretenden Eingeweide entsteht. Beim Husten oder Pressen vergrößert sich die Schwellung. Umfangreiche Brüche verursachen Ziehen, Spannung und Schwere im Unterleib.
- Behandlung durch die Eltern: Bei großer Bruchpforte können die Eltern den Bruchinhalt immer wieder zurückschieben. Die Bruchpforte schließt sich mit der Zeit meist von selbst. Bei kleiner Bruchpforte muß ein Arzt hinzugezogen werden, da die Gefahr besteht, daß sich der Bruchsack verklemmt, was zu ernsten Komplikationen führen kann.
- Behandlung durch den Arzt: Der Arzt muß entscheiden, ob das Bruchleiden operiert werden soll.

Epileptische Anfälle

- Ursache: Krampfanfälle bei Kindern aller Altersstufen deuten oft auf eine beginnende Epilepsie hin. In vielen Fällen liegen ihnen aber auch entzündliche Erkrankungen des Nervensystem durch Hirnhaut- und Hirnentzündung zugrunde.
- Kleine Anfälle:
  - Beim Säugling läßt plötzlich die Muskelspannung des Oberkörpers nach: der Kopf fällt nach vorne und die Arme werden ruckartig vor der Brust „umarmend“ verkrampft, zunächst zwei- bis dreimal. Dann kann eine Serie von 10 bis 20 Einzelanfällen in einer halben Stunde folgen.
  - Wenn das Kind eben stehen kann, äußert sich der Anfall in plötzlichem Hinstürzen (Zusammensacken), etwa zehnmal in einer halben Stunde.
  - Beim Kindergarten- und Grundschulkind tritt eine plötzliche Blickstarre und abruptes Unterbrechen des Sprechens ein. Aktivitäten werden für Bruchteile von Sekunden unterbrochen. Unmittelbar danach wird das Sprechen oder die Aktivität an der Stelle weitergeführt, an der sie unterbrochen wurde.
- Große Anfälle: Bei Kindern und Erwachsenen jeden Alters erfolgt ein Anfall nach folgendem Schema: (evtl.) Vorahnung – (evtl.) Initialschrei (unerklärlicher, lauter Schrei) – Bewußtseinsverlust – Hinstürzen – tonischer Krampf (erhöhte Muskelspannung, starrer Krampf) – klonischer Krampf (rhythmisches Zucken) – Speichelfluß mit Schäumen – Zungenbiß – vertiefte, schnorchelnde Atmung – Blaufärbung der Haut – Einnässen oder Einkoten (evtl.) – Lösung des Krampfes – kurzes Aufwachen – tiefer Nachschlaf. Der Anfall kann jederzeit tagsüber oder nachts erfolgen; der einzelne Patient hat jedoch seine eigene, „bevorzugte“ Zeit.
- Seitenbetonte Anfälle: Sie erscheinen wie „große“ Anfälle und sind in jedem Alter möglich. Die tonisch-klonischen Zukkungen sind auf eine Körperseite konzentriert, können sich aber auch auf den ganzen Körper ausdehnen.
- Behandlung durch den Arzt: Bei dem ersten Anfall sofort einen Arzt rufen, der den Krampf durch ein Medikament unterbricht. Anschließend ist zur genauen Untersuchung, Diagnose und Behandlung die Einweisung in eine Klinik erforderlich.

Fieberkrampf

• Ursache und Symptome: Bei hohem Fieber können Säuglinge und Kleinkinder aufgrund einer extremen Streßsituation und Kreislaufbelastung einen vom Gehirn ausgehenden Krampfanfall erleiden. Er erscheint wie ein großer Anfall (→ S. 145).
• Behandlung: Sie kann nur durch den Arzt in der Klinik, die deshalb schnellstens aufgesucht werden muß, vorgenommen werden.

Respiratorischer Affektkrampf

• Ursache: Vor allem im Kleinkindalter und in der Vorpubertät treten diese Anfälle auf. Es handelt sich dabei um rein psychische Reaktionen.
• Symptome: Die Anfälle sind bei Kindern zu beobachten, denen etwas verboten wird, wenn sie sich ärgern, nach Schreck und Schmerz. Die Kinder schreien (lauthals), holen dabei keine Luft und laufen blau an.
• Behandlung durch die Eltern: Medizinisch gesehen sind diese Wutreaktionen relativ harmlos. Wenn Sie rechtzeitig gegensteuern, das Kind ablenken usw., steigert es sich kaum in einen derartigen, demonstrativen „Anfall".
Zu Ihrer eigenen Beruhigung sollten Sie einen Arzt um Rat bitten, damit etwaige andere Krankheiten ausgeschlossen werden.

Schielen

• Ursache: Fast alle Abweichungen von der geregelten Führung beider Augen bezeichnet man als Schielen. Die verschiedenen Formen können in jedem Lebensalter auftreten.
Als Ursache des Schielens kommen vom Gehirn fehlgesteuerte Augenbewegungen bzw. eine Augenmuskellähmung in Frage.
• Symptome: Die Blickrichtungen beider Augen verlaufen beim Schielen nicht parallel zueinander oder im gleichen Winkel zur Sehachse, sondern ein Auge ist stärker ein- oder auswärts gerichtet als das andere (Einwärts- oder Auswärtsschielen). Diese Erscheinung kann sich noch sehr verstärken, wenn das betreffende Kind sehr müde ist.
• Behandlung durch den Arzt: Eine Behandlung durch die Eltern ist beim Schielen nicht möglich. Die Eltern müssen mit dem Kind zu einem Augenarzt, der verschiedene Behandlungsmöglichkeiten hat: Bei rechtzeitigem Behandlungsbeginn genügt zunächst ein Abdeckungsverband oder eine Brille mit Blindglas. Das ist zugleich für das geöffnete Auge eine muskelstärkende Fixationsübung. Man wechselt dabei tageweise von Auge zu Auge ab (oder nach einem vom Arzt vorgegebenen Rhythmus). In schwierigen Fällen trägt das Kind danach eine Schielbrille, oder es muß eine Operation durchgeführt werden. Aber auch dann ist eine Schielbrille erforderlich.

Haltungsschäden

• Ursache und Symptome: Oft werden angeborene Unregelmäßigkeiten im Knochenbau, wie z. B. Hüftfehlbildung, zu spät erkannt und behandelt. Die Folge ist dann häufig eine Wirbelsäulenverkrümmung. Haben sich Knochen und Skelett erst einmal gefestigt, ist es schwierig und langwierig, den Haltungsschaden zu verbessern oder völlig zu korrigieren. Orthopädisches Turnen allein genügt selten, und das Kind muß ein eigens angefertigtes Korsett tragen, bis die Verkrümmung wieder reguliert ist. Sehr magere und untrainierte Kinder haben oft eine schlechte Haltung aufgrund fehlender Muskelspan-

nung. Besonders auffällig sind dabei die herunterhängenden Schultern, ein runder Rücken, ein Hohlkreuz, durchgedrückte Knie und Senk- und Knickfüße.
Haltungsschäden sind bei sehr schwachen Kindern manchmal schon im Säuglingsalter festzustellen. Sie sind dann unter Umständen Ausdruck einer Gehirnschädigung (z. B. während der Geburt).
• Behandlung und Vorbeugung: In jedem Fall sollten Sie einen Orthopäden aufsuchen. Gehen Sie mit dem Kind viel Schwimmen, oder regen Sie es zu einer anderen Sportart an, bei der die gesamte Muskulatur beansprucht wird. Sitzt das Kind lange am Tisch (z. B. beim Malen oder Lesen), können Sie zwischendurch Lockerungsübungen mit ihm machen. Auf jeden Fall müssen passende, orthopädisch einwandfreie Sitzmöbel angeschafft werden.
Liegt eine Gehirnschädigung vor, muß das Kind so früh wie möglich einer neurologischen Untersuchung unterzogen werden, damit rechtzeitig durch Heilgymnastik doch ein fließender Bewegungsablauf eintrainiert werden kann.

Fußschäden

• Ursache: Bei Kindern jeden Alters kann sich ein Fußschaden entwickeln. Bei Säuglingen sind Sichel-, Klump- oder Hackenfüße angeboren als Folge einer falschen Lage im Mutterleib während der Schwangerschaft. Knick- und Plattfüße entstehen im Kleinkindalter als Folge von Übergewicht oder schlecht passendem Schuhwerk, Spitzfüße durch Bewegungsstörungen oder aufgrund einer länger dauernden, falschen Lagerung bei schwerkranken Kindern.
• Behandlung und Vorbeugung: Wichtig ist eine rechtzeitige Diagnose, da sonst bestimmte Muskeln und Bänder übermäßig beansprucht werden und in der Folge Knochenveränderungen eintreten. Beim Säugling kann noch in der ersten Woche nach der Geburt bei Klumpfuß ein Gipsverband angelegt werden, der jeweils kurzfristig neu angepaßt wird. Daran schließt sich aktive und passive Fußgymnastik an.
Bei dem weitverbreiteten Senk-Knick-Fuß werden durch gezielte Gymnastik die Muskeln der Fußsohle gestärkt, insbesondere die Zehenbeuger und -strecker. Unterstützend wirken häufiges Barfußlaufen, Greifübungen mit den Zehen und gegebenenfalls eine Knopfeinlage in den Schuhen, die das Kind bei jedem Schritt zum Anspannen der Fußmuskulatur veranlaßt (sonst drückt der Knopf schmerzhaft).
Geht ein Kind vorwiegend mit ein- oder auswärts zeigenden Füßen, empfehlen sich gegenläufige Bewegungen und Spiele (beim einwärts gedrehten Fuß, z. B. Schlittschuh- oder Rollschuhlaufen, die beide ein Drehen des Fußes nach außen verlangen).
Alle aktiven, vom Kind ausgehenden und die Fußmuskulatur stärkenden Übungen sind der nur passiven Stützung durch Einlagen vorzuziehen, die die Muskulatur weiter schwächen.

Vergiftungen und Verschlucken von harten Gegenständen

• Ursachen und Symptome: Kinder bis zum sechsten Lebensjahr können in der Regel nicht lesen, was in den hochinteressanten Flaschen, Gläsern und Röhrchen enthalten ist, die Sie so gut verstecken – und wenn sie etwas erreichen, wird es gleich in den Mund gesteckt. Dabei kann es leicht geschehen, daß ein kleiner Gegenstand versehentlich verschluckt wird. Ein plötzlicher Hustenanfall, bei dem das Kind vielleicht auch noch blaurot anläuft und nach Luft schnappt, ist ein ziemlich sicheres Symptom dafür, daß ihm ein harter Gegenstand in die Luftröhre geraten

ist. Spitze Gegenstände verursachen meist ein starkes Kratzen in der Luft- oder der Speiseröhre, und das Kind versucht unter Husten und Würgen, die Sache wieder loszuwerden. Je nach Größe, Form und Beschaffenheit des verschluckten Gegenstandes besteht Erstickungsgefahr.
Ebenso gefährlich sind der Inhalt der Hausapotheke sowie Putz- und Spülmittel. Wenn das Kind plötzlich hustet, vor Schmerzen weint und Verätzungsspuren im Mundbereich, auf den Lippen oder der Zunge zeigt, versuchen Sie am besten zuerst am Geruch des Atems festzustellen, welche Substanz verschluckt wurde. Nicht so prompt sind die Symptome, wenn das Kind Arznei geschluckt hat, die nicht für es bestimmt ist. In dem Moment aber, wo Ihnen Taumeln, Torkeln, Bewußtlosigkeit, Übererregbarkeit und Verwirrtheit auffallen, versuchen Sie durch einen kurzen Blick in den Arzneischrank festzustellen, welche Medizin verschluckt wurde. Meistens liegt das geleerte Röhrchen oder Fläschchen noch herum. Grundsätzlich kann in beiden Fällen Lebensgefahr oder zumindest eine ernsthafte Bedrohung der Gesundheit bestehen.

- Erste Hilfe: Es ist erforderlich, sofort eine Klinik mit Entgiftungszentrum anzurufen (Adressen und Telefonnummern finden Sie im Elternbuch 1, S. 153) und das Kind schnellstens in eine Klinik zu bringen, wo es medikamentös zum Erbrechen gebracht wird, eine Magenspülung erfolgt oder es geröntgt wird. (Beim bewußtlosen Kind ergreifen die Ärzte andere Maßnahmen.) Nehmen Sie die giftige Substanz unbedingt mit.
- Vorbeugung: Am besten begegnen Sie der Gefahr, wenn Sie von vornherein alle gefährdenden Dinge beiseite räumen. Medikamente, Putzmittel, Säuren, Fleckenwasser, Malerfarben usw. gehören in für das Kind nicht erreichbare Höhe.
Beim Spiel mit kleinen Bauklötzen, Münzen, Kieselsteinen u. ä. sollten Sie Ihr Kind ständig im Auge behalten. Die Gefahr, daß derlei Dinge (insbesondere Erdnüsse) verschluckt werden, läßt sich bestimmt nie ganz ausschließen, aber durch Vorsichtsmaßnahmen doch immerhin stark reduzieren.

Sturz auf den Kopf

- Ursache: Auch wenn die Eltern ihr Kind noch so sorgfältig beobachten und im Auge behalten, kann es einmal vorkommen, daß das Kind umfällt oder – viel schlimmer – von einem Tisch, einer Treppe usw. herunterfällt. Zum Glück kommt es dabei nicht zwangsläufig zu ernsten Verletzungen.
Manchmal wird eine ernste Folge des Sturzes aber auch übersehen. Auf jeden Fall muß das Kind nach einem solchen Vorfall genau untersucht werden.
- Symptome: Ein heftiger Sturz auf eine harte Unterlage erzeugt einen Bluterguß (blauer Fleck) an der Aufprallstelle. Schmerzen wird das Kind ganz sicher empfinden, unter Umständen kommt es auch zu kurzfristiger Bewußtlosigkeit, manchmal gefolgt von Erbrechen.
- Behandlung durch die Eltern: Sie sollten das Kind trösten und bei einem festgestellten Bluterguß, länger anhaltenden Kopfschmerzen, Bewußtlosigkeit oder Erbrechen auf jeden Fall einen Arzt verständigen.
- Komplikationen: Wenn eine Gehirnerschütterung (Erbrechen, Benommenheit und Kopfschmerzen sind sichere Zeichen dafür) eingetreten ist, muß das Kind so lange im Bett liegenbleiben (gegebenenfalls mehrere Tage), bis der Kopfschmerz vergangen ist. Bei schweren Stürzen kann sogar ein Schädelbruch die Folge sein, dann muß das Kind schnellstens in ärztliche Behandlung.

Das sollte Ihre Hausapotheke enthalten

Das gilt für jede Hausapotheke

Bei manchem kleinen Unfall oder bei kleinen „Unstimmigkeiten“ können Sie Ihr Kind selbst versorgen, wenn Sie eine Hausapotheke einrichten. Dazu eignet sich jedes sauber gewaschene Kästchen, das Sie in einem kühlen Raum so hoch aufhängen, daß auch Ihre älteren Kinder es nicht erreichen können. Trotzdem müssen Sie es sicherheitshalber abschließen. Legen Sie den Schlüssel auf das Kästchen, oder hängen Sie ihn an einen kleinen Haken darüber.
Sie sollten alle einzelnen Teile übersichtlich und nach leicht überschaubaren Gruppen einordnen (z. B. Medikamente, Verbandmittel und Krankenpflegemittel). Jedes Medikament muß in seiner Originalpackung einschließlich der Gebrauchsanweisung aufbewahrt werden. Schreiben Sie jeweils den Kauftag einer Medizin oder Salbe dazu, denn die Mittel bleiben nur begrenzte Zeit wirksam. Auskunft darüber, wie lange Sie ein Medikament verwenden können, bekommen Sie in jeder Apotheke oder von Ihrem Hausarzt. Bewahren Sie Medikamente, die für Ihr Kind bestimmt sind, in Ihrer Hausapotheke gesondert auf, und denken Sie daran, daß nicht alles, was Ihnen guttut, auch für Ihr Kind geeignet sein muß. Bei Verwechslungsgefahr müssen Sie den Namen des Familienmitglieds, für das die Medizin bestimmt ist, darauf notieren.

Wichtige Tips:

- Überprüfen Sie von Zeit zu Zeit den Bestand Ihrer Hausapotheke nach dem Alter der Medikamente und Verbandmittel, und ergänzen Sie, was fehlt.
- Halten Sie sich immer genau an die Anleitungen auf den Packungen, und geben Sie nie ein zweites, anderes Mittel „zur Verstärkung“ – das kann sehr gefährlich sein.
- Wenn Sie bei einer Krankheit nicht ganz genau wissen, ob ein bestimmtes Mittel, das Sie gerade im Haus haben, das richtige ist, fragen Sie lieber vorher einen Arzt. (Sicher gibt er Ihnen auch telefonisch Auskunft, wenn er Sie und Ihr Kind gut kennt.)
- Ergänzen Sie Ihre Hausapotheke durch eine umfangreiche „Erste Hilfe“-Broschüre, die Sie im Anschluß an einen entsprechenden Kurs kaufen können.
- Schreiben Sie an die Innenseite des Arzneikästchens für dringende Fälle folgende Telefonnummern, und überprüfen Sie sie von Zeit zu Zeit):
  Kinderarzt
  Hausarzt
  Hals-Nasen-Ohren-Arzt
  Augenarzt
  Frauenarzt
  (Kinder-)Krankenhaus
  Rettungswagen
  Giftzentrale
  Apotheke (evtl. mit Nachtdienst-Plan).

Das brauchen Sie für Ihr Kind

Auf der nächsten Seite finden Sie eine Prüfliste für alle Medikamente, Verbandmittel und Pflegemittel, die Ihre Hausapotheke für Ihr Kind enthalten sollte. Die hier ausgewählten Medikamente sind nicht als Empfehlung bestimmter Fabrikate zu verstehen; es handelt sich dabei lediglich um eine anschauliche Sammlung.

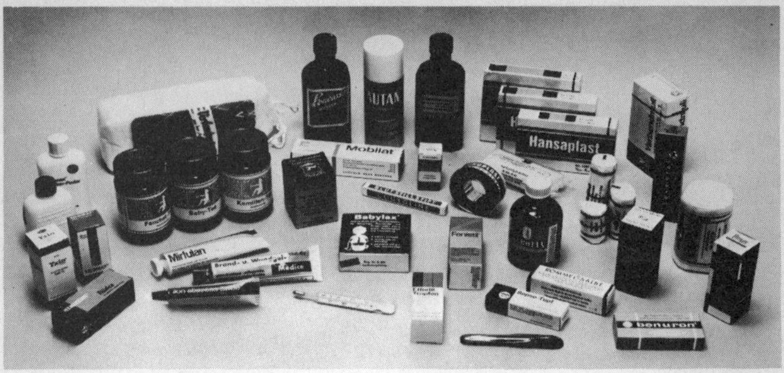

Alle abgebildeten Artikel können Sie rezeptfrei in jeder Apotheke kaufen.

Dermatol-Pulver ☐
Yxin-Augentropfen[1]) ☐
Fissan-Silberpuder ☐
Nebacetin-Puder[1]) ☐
Silomat-Tropflösung, gegen Husten und Bronchienerkrankungen ☐
Verbandwatte ☐
Fenchel-Tee ☐
Baby-Tee ☐
Kamillen-Tee ☐
Ilon, Abszeß-Salbe ☐
Mirfulan, Wund- und Heilsalbe ☐
Medice, Brand- und Wundgel ☐
Pinimenthol-S, gegen Erkältungen ☐
Mobilat-Salbe, bei Zerrungen und Quetschungen ☐
Fieberthermometer ☐
Borwasser ☐
Babylax, Einlauf bei Verdauungsbeschwerden ☐
Blutstill-Stift ☐
Autan, Hautspray gegen Insekten ☐
Effortil-Tropfen, bei Kreislaufschwäche[2]) ☐
Mexaform-S-Mikrotabletten, bei Darmstörungen[2]) ☐
Wasserstoffsuperoxyd, zum Reinigen von Wunden ☐
Fenistil-Retard-Tropfen, bei Juckreiz[2]) ☐
Leukoplast ☐
Pinzette ☐
Hansaplast $^1/_2$ m × 4 cm ☐
Hansaplast $^1/_2$ m × 6 cm ☐
Hansaplast $^1/_2$ m × 8 cm ☐
Verbandpäckchen ☐
Sepso-Tupf, zum Desinfizieren von Wunden ☐
Sagrotan-Desinfektionsmittel ☐
Rommel-Salbe, bei Schnupfen ☐
Mullbinden in drei Größen ☐
Glycero-Merfen, bei Soor und Mundschleimhauterkrankungen[1]) ☐
Ben-u-ron, Säuglingszäpfchen gegen Fieber und Schmerzen ☐
Verbandmull ☐
Soventol-Gelee, gegen Insektenstiche[1]) ☐
Ideal-Elastikbinde ☐
Otriven-Lösung für Säuglinge, gegen Schnupfen[1]) ☐

[1]) Arzt vor Anwendung fragen
[2]) Erst vom zweiten Lebensjahr an

Diese Verhaltensweisen zeigen Kinder im zweiten Lebensjahr

Wichtige Tips:

- Prüfen Sie am Ende des ersten, zweiten und vierten Vierteljahres das Verhalten Ihres Kindes. Dazwischen sollten Sie es nicht überängstlich beobachten.
- Ein Grund zu Besorgnis liegt erst dann vor, wenn Ihr Kind in seinem gesamten Verhalten um drei Monate zurück ist. Dann sollten Sie mit dem Kinderarzt über Ihre Beobachtungen sprechen.

Am Ende des 1. Vierteljahres

Denken: Das Kind interessiert sich sehr für neue Dinge. Es will alles untersuchen. Es zieht gerne Gegenstände an einer Schnur hinter sich her. Stockähnliche Gegenstände benützt es dazu, andere Dinge damit herumzustoßen; es verwendet sie „werkzeugartig“ als Verlängerung der Hand. Es kann auch schon einen Bleistift halten und kurze Zeit damit kritzeln. Einen versteckten Gegenstand sucht es immer wieder am gleichen Ort, an dem er schon einmal versteckt wurde.
Sprache: Die sprachliche Kontaktaufnahme ist gut möglich. Wenn Sie das Kind geduldig nach einem vertrauten Gegenstand fragen, wird es ihn anschauen. Es ruft die Mutter durch sprachliche Lautäußerungen und spricht das erste Wort. Das Kind versteht schon sehr viel mehr Wörter, als es selbst sprechen kann.
Handeln: Das Kind kann schon ein wenig mit Bauklötzen umgehen. Es versucht zwei Klötzchen aufeinanderzustellen, schafft es aber (meistens) nicht. Es steckt Becher einer Pyramide ineinander und kann eine Scheibenpyramide vom Stock abziehen.
Beim Essen nimmt es kleine Brotstückchen in die Hand und steckt sie sich in den Mund. Beim Kauen und Trinken wird nicht mehr so viel verkleckert, weil es den Mund, den Arm und die Hand schon besser unter Kontrolle hat.

Motorik: Das Kind kriecht und krabbelt meist in der ganzen Wohnung herum. Es kann sich gut allein aufsetzen und kippt nicht wieder um. Es richtet sich auch schon zum Stehen auf, wenn es sich dabei irgendwo festhalten kann. Es macht seine ersten freien Schritte (einige Kinder können das allerdings auch schon vor dem ersten Geburtstag).
Soziales Verhalten: Das Kind steht gern im Mittelpunkt. Daher macht es ihm auch Spaß, lustige Dinge vorzuführen und die anderen zum Lachen zu bringen.
Es kann gut zwischen den vertrauten Familienmitgliedern und Fremden unterscheiden. Bei Annäherung von Fremden schreit es unter Umständen und lehnt Kontakte ab.
Es hört auf Verbote. Wenn es etwas Bestimmtes berühren will und Sie sagen fest und etwas lauter „nein“, wird das akzeptiert. Das Kind beobachtet neugierig die Reaktion von Gleichaltrigen, wenn es sie an den Haaren zieht, sie kneift oder stößt. Es ahmt aber auch ihre Stimme, ihr Schreien oder das Plappern nach. Die Kinder können kurze Zeit zusammen spielen und Spielsachen austauschen.

Am Ende des 2. Vierteljahres

Denken: Das Kind findet Dinge, die vor seinen Augen hintereinander an verschiedenen Orten versteckt werden.

Die Aufmerksamkeit wechselt rasch, ist aber für kurze Zeit sehr intensiv. Handlungen werden nicht zu Ende geführt, wenn ein neuer Reiz vom Ziel ablenkt. Jede Abwechslung ist willkommen. Das Kind kann sich in vertrauter Umgebung mühelos orientieren. Es erkennt vertraute Straßen, Geschäfte und Gebäude wieder und kann „sein" Haus von den anderen unterscheiden.
Nun werden auch entferntere Dinge bemerkt, der Fernraum wird besser eingeschätzt. Neben dem Tastsinn tritt jetzt die optische Orientierung in den Vordergrund. Großen Spaß machen Guck-Guck-Spiele. Es hört sich sehr gern Musik an und kann sich dazu im Takt wiegen.
Sprache: Nennt ein Erwachsener fragend einen Gegenstand, so zeigt das Kind darauf. Es äußert seine körperlichen Bedürfnisse und Wünsche durch Wörter, Laute und Gesten. Es spricht Wörter nach und ist sehr aufnahmebereit beim Erlernen der Sprache. Für Außenstehende ist die Aussprache des Kindes noch schwer verständlich. Viele Kinder verwenden jetzt die ersten Adjektive und Adverbien, gebrauchen aber trotzdem vorwiegend Substantive und Ausrufe. Mit 18 Monaten spricht ein Kind durchschnittlich zehn Wörter. Mädchen sind sprachlich meist etwas gewandter als Jungen.
Handeln: Mit zwei bis vier Bauklötzen kann jetzt schon ein kleiner Turm gebaut werden. Gern steckt es auch Schlüssel in die Schlüssellöcher. Es zeigt auf Gegenstände, die es haben möchte. Es blättert schon einzelne Bilderbuchseiten um, ohne sie zu zerreißen.
Beim Essen und Anziehen will es seine Unabhängigkeit beweisen und unbedingt mithelfen. Es umfaßt mit beiden Händen den Trinkbecher und trinkt daraus. Der Löffel wird nur noch selten verkehrt in den Mund gesteckt. Beim Essen wird allerdings noch viel gekleckert.
Das Kind bezieht mehr Spielsachen gleichzeitig in das Spiel ein als vorher.
Motorik: Das Kind kann sich ohne Hilfe vom Sitzen zum Stand erheben. Es läuft frei, es rennt gern und kostet die neue Bewegungsfreiheit voll aus. Jetzt kann es auch schon Stufen hinaufklettern, wenn es sich dabei festhält. Es stellt sich auf Zehenspitzen, um auf einen hohen Tisch blicken zu können. Es kann sich bücken, ohne sich dabei irgendwo festzuhalten. Insgesamt ist das Kind sehr unruhig, seine Arme und Beine sind ständig in Bewegung. Selbst wenn es sitzt, will es aktiv sein, rudert mit den Armen herum und will alles greifen, auch wenn es nicht in unmittelbarer Nähe ist.
Soziales Verhalten: Vertrauten Familienmitgliedern läuft das Kind mit ausgebreiteten Armen entgegen. Auch fremden Erwachsenen gegenüber wird es immer aufgeschlossener. Es will ständig in der Nähe der Mutter sein, läuft hinter ihr her und will dasselbe wie sie tun. Mit anderen Kindern spielt es schon recht gut, allerdings dauern diese Spiele nur ein paar Minuten. Der Streit um Spielsachen nimmt ab, das Interesse am Spielgefährten vergrößert sich.
Das Kind zeigt manchmal schon große Beharrlichkeit beim Durchsetzen seiner Wünsche. Wenn Sie es bei einer Tätigkeit stören oder ihm bei einem Verlangen nicht nachgeben, kann es zu trotzähnlichen Reaktionen und Wutausbrüchen kommen.

Am Ende des 4. Vierteljahres

Denken: Kurz vor dem zweiten Geburtstag kann das Kind schon über Dinge nachdenken, die es im Moment nicht wahrnehmen kann. Es bemerkt und versteht, daß bestimmte Ziele durch Planen und durch „Umweghandlungen" zu erreichen sind: Es schiebt zum Beispiel einen Stuhl vor den Schrank, um Schokolade zu holen.

Es bereitet ihm keine Schwierigkeiten mehr, Gegenstände beim Namen zu nennen. Farben werden zwar unterschieden, aber noch nicht immer richtig bezeichnet. Dinge können nach der Dimension (groß, klein, lang, kurz) unterschieden und sortiert werden, aber auch nach Farbe und Form. Das Kind hat begriffen, daß sie je nach Situation verschiedene Funktionen erfüllen können.
Einzelne Teile werden zu einem Ganzen zusammengesetzt, ein Ganzes in seine Bestandteile zerlegt: Das Kind baut ein Häuschen aus Bauklötzen und nimmt es wieder auseinander, um dann daraus einen Autobus zu machen. Es kann ein Dreieck, ein Quadrat und einen Kreis in ein Brett mit den drei entsprechenden Öffnungen stecken. Es orientiert sich mehr an der Form der Gegenstände als an ihrer Farbe und unterscheidet zwischen einem Ding und vielen Dingen. Es kann auch schon zwei Gegenstände „zählen". Für Vergangenheit und Zukunft besitzt es noch wenig Verständnis.
Sprache: Der aktive Wortschatz besteht aus rund 30 bis 80 Wörtern, der passive Wortschatz umfaßt durchschnittlich 200 bis 400 Wörter. Die Sätze zeigen jetzt schon Ansätze einer grammatikalischen Struktur. Sie enthalten ein oder mehrere Substantive, ein Verb, noch selten ein Adjektiv oder Adverbien.
Das Kind versteht fast alle Wörter, die Gegenstände aus seiner Umgebung bezeichnen. Durch eine einzige Aufforderung kann schon eine kleine Handlungskette ausgelöst werden. Der Satz „Wir wollen spazierengehen, mach dich fertig" veranlaßt das Kind, seine Schuhe, die Mütze und den Mantel zu holen und teilweise anzuziehen. Es beteiligt sich auch an Gesprächen und sagt seinen eigenen Vornamen.
Handeln: Manche Kinder legen großen Wert auf eine gewisse Gleichförmigkeit: Alles muß immer am selben Platz stehen, sie wollen immer den gleichen Teller zum Essen, räumen herumliegende Dinge auf. Sie wissen, daß jedes Ding seinen eigenen Platz hat.
Das Kind kann jetzt auch Dosen öffnen, Deckel abschrauben, Perlen auf einen weichen Draht auffädeln und Türme aus fünf bis acht Bauklötzen bauen. Es malt Bilder mit verschiedenen Farben, benützt dabei aber noch beide Hände und zeichnet jeweils nur ein paar Striche auf ein Blatt. Es kann Papier schneiden und seine Haare kämmen und bürsten.
Motorik: Das Kind übt sich darin, Hindernisse zu überwinden. Es kann seitwärts und rückwärts gehen und ohne Schwierigkeiten eine Treppe hinauf- und hinuntersteigen. Wenn Sie ihm Ihre Hand geben, kann es auch auf einem Fuß stehen.
Soziales Verhalten: Das Interesse an Spielkameraden hat sich vergrößert. Spielzeug dient dabei zur Anknüpfung von Kontakten. Lange Zeit spielen Kinder noch nicht zusammen, gelegentlich aber nebeneinander – scheinbar ohne einander zu beachten. Das Kind paßt sein Verhalten dem anderer Kinder an.
Spielzeug wird spontan dem anderen weggenommen, manchmal, um den anderen zu ärgern. Das Kind pocht stark auf sein Eigentum, es verteidigt seinen Platz am Tisch, es will seine eigene Spielecke haben usw. – Sein Verhältnis zu Erwachsenen wird bewußter. Es weiß im allgemeinen, ob seine Handlungen Zustimmung oder Ablehnung hervorrufen.
Gegen Ende des zweiten Lebensjahres wird das Fremdeln wieder stärker, wenn das Kind wenig Kontakt zu Außenstehenden hat.

Register

Quellen und weiterführende Literatur

Berlin-Heimendahl, S. v.: Das große Handbuch der Säuglingspflege und Kindererziehung. – München: Verlag Moderne Industrie 1971.
Brumme, G.-M.: Muttersprache im Kindergarten. – Stuttgart: Ernst Klett Verlag 1970.
Dührssen, A.: Psychogene Erkrankungen bei Kindern und Jugendlichen. 2. Auflage. – Göttingen: Verlag für medizinische Psychologie 1955.
Elkonin, D. B.: Zur Psychologie des Vorschulalters. – Berlin: Verlag Volk und Wissen 1967.
Erikson, E. H.: Kindheit und Gesellschaft. 2. Auflage. – Stuttgart: Ernst Klett Verlag 1965.
Ewert, O. M.: Entwicklungspsychologie, Bd. 1. – Gütersloh: Reinhard Mohn OHG 1972.
Feer, E.: Lehrbuch der Kinderheilkunde. – Stuttgart: Gustav Fischer Verlag 1966.
Gesell, A.: Säugling und Kleinkind in der Kultur der Gegenwart. 6. Auflage. – Bad Nauheim: Christian-Verlag 1967.
Hetzer, H.: Spielen lernen – Spielen lehren. – München: Don Bosco Verlag 1971.
Hofmeier, K., F. Müller und W. Schwidder: Alles über Dein Kind. Bd. 1 und 2. – Reinbek b. Hamburg: Rowohlt Taschenbuch Verlag 1971.
Hundertmarck, G., und H. Ulshoefer: Kleinkinderziehung. Bd. 1 bis 3. – München: Kösel-Verlag 1972.
Hurlock, E. B.: Die Entwicklung des Kindes. – Weinheim: Beltz Verlag 1970.
Loch, W.: Die Krankheitslehre der Psychoanalyse. – Stuttgart: S. Hirzel Verlag 1967.
Palitzsch, D.: Systematik der praktischen Pädiatrie für Ärzte und Studenten. – Stuttgart: Georg Thieme Verlag 1971.
Schmidt-Rogge, C. H.: Dein Kind, Dein Partner. – München: List Verlag 1969.
Uhlmann, I., und G. Liebing: Kleine Enzyklopädie. Das Kind. – Leipzig: Bibliographisches Institut (VEB) 1968.
Wechselberg, K., und U. Puyn: Mutter und Kind heute. – Gütersloh: Bertelsmann Ratgeber-Verlag 1972.
Wieczorek, H.: Wir turnen mit den Kleinsten. – Stuttgart: Gustav Fischer Verlag 1972.

Diese Firmen haben uns freundlicherweise Artikel für Fotos geliehen:
Baby-Walz-Center, München, Adolf-Kolping-Straße 10
Obelisk-Bücherstube, München, Barerstraße 3
Obletter Spielwaren, München, Karlsplatz 12
Schützenapotheke, München, Bayerstraße 4

Bildquellen

Baumann, Wilhelm, Wattenscheid, S. 21
Cousin, Franz, Köln, S. 117
Debold, Claus, und Werner, Horst, München, S. 28, 31, 33, 51, 91, 96, 107, 108, 110, 111
Schwendt, Max, München, S. 11, 15, 26, 36, 37, 43, 49, 56, 59, 62, 63, 64, 66, 67, 68, 69, 80, 95, 97, 104, 109, 112, 115, 121, 150
Vogt, Freddie, München, S. 47
Weich, Franz, München, S. 5, 10, 16, 29, 52, 81, 82, 85, 86, 88, 91, 101, 103
Wessel, Heiner, München, S. 19, 44, 88, 114, 116, 118, 120

Mit Kindern leben

Schwangerschaft,
Geburt,
die ersten
Lebensjahre

Beatrice Adloff
Zwischen sanfter und programmierter Geburt
Frauen suchen Wege zur selbstbewußten Entbindung (7865)

Aktion «Muttermilch - ein Menschenrecht» u. a.
Muttermilch – natürlich!
Bewußter leben für Schwangerschaft und Stillzeit (7822)

Angelika Blume
Andere Ümstände
Eine Orientierungshilfe für Vorsorge, Geburtsvorbereitung und Geburt. Mit einem kompletten Vorbereitungskursus (7473)

Daniela Braun/Claus Wohlfart
Ich und du und unser Kind
Tagebücher aus dem Leben zu dritt (7807)

Hermann Bullinger
Wenn Männer Väter werden
Schwangerschaft, Geburt und die Zeit danach im Erleben von Männern. Überlegungen – Informationen – Erfahrungen (7751)

Stephanie Dowrick/Sibyl Grundberg (Hg.)
Will ich wirklich ein Kind?
Frauen erzählen (7498)

Geraldine Lux Flanagan
Die ersten neun Monate des Lebens
115 Abbildungen (6605)

Regina Hilsberg
Körpergefühl
(7922)

Mit Kindern leben rororo

C 2181/2